考　　つく、伝える

臆病者のコミュニケーション

藤島 淳

講談社

はじめに

コミュニケーションとクリエイティブは、あなたをハッピーにし、世界をハッピーにする。

この本はコミュニケーションとクリエイティブの本です。

本質を書きました。

電通のクリエイティブ・ディレクターとして、ブランディング会社の代表として、ずっと考えて、実践して、語ってきた内容を書きました。

上智大学での講義や各地での講演内容にも触れています。

海外で培った体験も入っています。

考え、発想し、伝える。
別に特別な人の資質ではありません。
私たちの日常です。あなたでも出来ることです。

人前で、躊躇《ちゅうちょ》する、遠慮する。
様子を伺うし、傷つきたくもない。
気がつけば、発言するタイミングを逃している。
私もあなたも臆病者です。
それでも一歩踏み出せば、新しい世界が開けてきます。

コミュニケーションは、明日の指針となります。
クリエイティブは、明日をより良い世界に導きます。

どうぞページをめくってください。

目次

考える、思いつく、伝える　臆病者のコミュニケーション

第1章

不安だらけのコミュニケーションから脱出する。

第2章

臆病者は、「なぜ？」と聞くことをためらってはいけない。

第3章

発想するにも、考えるにも、拠りどころがあれば臆病者は安心できる。

第4章

誰だって、閃《ひらめ》く人になりたい。

第8章

この曖昧な日本から、新たな価値をつくっていくために。

第9章 勇気を持って、発想し、伝える。自分を出す。

staff
デザイン／渡邊民人、谷関笑子［TYPEFACE］
イラスト／新居俊浩
校閲／戎谷真知子

序章

臆病者、引っ込み思案が、発想し、伝える仕事で成功している。

コミュニケーション下手、
クリエイティブ能力は疑問。
そんなあなたでも一線に立てる。

私は大学卒業後、電通に入社しました。コピーは1行も書いたことがなかったのにコピーライターを志望し、幸いなことにクリエイティブ局に配属され、コピーライターとして広告業界に関わるようになりました。

入社試験に、「5円玉の使い方を20個出せ」「通勤電車の中で身体を鍛える方法を20個出せ」のような変な問題が混じっており、とにかく数を出せばいいか、と対応したのが幸いしたようです。やがて、デザイナーやコピーライター、CMプランナーなどの部下を持つクリエイティブ・ディレクターとなり、クルマやビール、化粧品など日本を代表する大企業の大切な商品の広告制作や商品開発を担ってきました。

その間にも、若手コピーライターを毎年数人ずつ預かる教育係を担ったり、電通クリエイティブ塾の立ち上げに参画し、講師を務めました。共著ですが、『コピーライター入門』という本も出版しました。

若い時から海外へ一人で出向いて広告をつくったり、カンヌを始めとする海外広告賞の審査員を担ってきました。2008年から5年間は、上海電通へ赴任し、中国人社員を率いて大陸で通用するコミュニケーションをつくっていました。

帰国後、上智大学から声をかけていただき「広告論」という通年の講義も隔週で持っています。教えているのは、主としてコミュニケーションについて、そしてクリエイティブについて。その時々の旬の広告を題材にしています。発想し、伝えるためにはどうしたら良いのかという講義です。なかなかの人気講義らしく、100人以上の学生を受け持つのですが、受講するには毎年抽選になっています。

電通は思うところがあり、早期退社。ブランディングを主として担う会社を起業し、今に至っています。おかげさまで、数社から顧問契約もいただき、さらにいくつものクライアントにも恵まれ、今日までできています。

こう書いてくると、初めからコミュニケーション能力が高く、物おじせず海外でもばりばり働き、創造力もある人間と思われてしまうのですが、実態はまったく反対なのです。新入社員時代の私を知る方はみな、大いに心配していたと言います。今でも、心配してくれている先輩もいます。

社内コミュニケーションも上手く出来ず、自信もないくせに（自信がないからこそ）、突っ張ってみたり。クライアントに意見してみたり。クライアントの笑いを取ることも、胸の内を慮ってあげることも出来ません。バランスの悪い対応力でしかなく、さらに周りをハラハラさせます。

コピーは、書いても書いてもボツの山をつくるだけ。当時はA4の紙1枚に一つずつコピーを書いていましたから、本当に大量の紙を無駄にしていました。コピーなんてすぐに書けると思っていたのですが、これはまさしくプロの世界。1行も書けません。いえ書けるのですが、クライアントに持ち込めるコピーになっていない。つまりプロの仕事ではないわけです。コピーってどうやって書くというか、思いつくんだろう？　クリエイティブって何なのだろう？　と悩み続けていました。

業界には糸井重里さんを筆頭にキラキラ輝くコピーライターが活躍しています。贅沢なことに浅葉克己さんなど、超一流のアートディレクターとも仕事をさせていただく機会も多く、その創造力には圧倒されているだけでした。

教室では目立てなかった人ほど、クリエイティブやコミュニケーション領域で活躍しているという事実。

ずっと覚えている光景があります。私が小学校に上がる直前のことです。東京の大井町から台東区根岸に引っ越しました。大井町ではかなり庭が広い家に住んでいましたので、その庭で、近所の子供たち数人でのんびり遊んでいました。

ところが今度は下町根岸です。少々荒い空気も漂っています。各小学校にはガキ大将が君臨する時代です。なかなか友達が出来ずにいました。家から出るのも躊躇していました。それでも遊びたくて、友達が欲しくて、自宅の塀のすき間から遊んでいる子供たちを眺めていました。どうしても仲間に入っていけないのです。飛び込んでいくきっかけさえ分かりません。何日も同じ状況が続きました。

そんなわが子を見かねたのでしょう。いつものように塀のすき間から覗いていた私の背中を母が押したのです。私はふいをつかれて近所の子供たちの輪に突っ込んでいきました。それからの記憶はありません。

小中高とずっと教室では目立った生徒ではありませんでした。笑いを取れる仲間を、話題が豊富な仲間を、羨《うらや》ましく感じていました。積極的に手を挙げて発言する生徒でもありませんでしたし、生徒会活動で活躍するタイプでもなく、部活も長続きしません。

大学3年生の時に、2ヵ月だけシアトルの語学学校に通いました。英語のレベルは一緒なのに、インドや中近東、ラテン系の学生はすぐに手を挙げ、発言の機会を求めます。ここでも圧倒されていました。自分なりに意見はあるのですが、頭の中で英語を組み立て直しているうちに話題は次に移っています。

今、上智大学では、大教室で100人以上の学生を前に講義をしています。100人という規模なりのアクティブラーニングとして、頻繁に学生に意見を求めます。しかし手が挙がらない。それでも強制的に指名すると、なかなか立派な意見を披露するのです。意見はあるのに発言しない。指名していくつもの意見が出てくると、少しずつ自主的に手が挙がってきます。そう、私もみなさんも臆病者なのです。

広告という分野からコミュニケーション領域、クリエイティブ領域のビジネスに入ってみて感じたのは、実は、一線でやっている方々は、みんなそうなんじゃないかということ。学生時代までは「塀の陰から外の様子をうかがうような」人物だったんじゃないかと感じるのです。

もちろん、広告でも営業職のように、何よりも人前力があって、人と話すことが好きで、笑いを上手に取れる人材も多くはいます。しかし、職業としてコミュニケーションやクリエイティブを担っている人は、子供の頃から、特にコミュニケーションに関してコンプレックスを感じていた人がほとんどです。

クリエイティブ力にしても同じです。何となく書くことや描くことが好きだったとしても、別に作家や画家になれる素質なんてあるわけがないし、自分のアイディアを披露する場を持てるなんて思いもしなかった。むしろ、羨ましいと思う気持ちが、コンプレックスを乗り越えて職業に持っていった。そう思えるのです。人前で歌なんて歌えないと思っていた人がカラオケで意外に歌えることに気がついて、カラオケにはまる。そんな感じでしょうか？

だから大丈夫。この本を手に取っていただいたあなたこそ臆病者で、これからコミュニケーションやクリエイティブを担っていけるのです。

広告を学ぶと
前向きなコミュニケーションになる。
結果、上手くいく。

「広告というビジネスとは何か？」。私には3つの答えがあります。

①広告は明日を語るビジネスである。

広告が披露するのは、いつだって明日からの世界です。明日からの世界を提案します。どんな商品でもサービスでも、これからの生活に彩りを与えるから存在するのです。買っていただくことで企業は収益を上げ、存続、発展します。企業広告にしても、その企業の将来のビジョンを語ることで、ビジネスの世界の中で存在感を持たせ、社員とその家族や株主を喜ばせ、リクルーティングに貢献するなど、様々な未来の反応を期待してのことなのです。そう、広告は出稿する方にも、受け手の方にも、期待を抱かせます。それは未来への期待なのです。

人が知りたいのは、今日までのことではありません。明日からのことを知りたいのです。誰もが分からない、それでいて期待をかけたい明日を知りたいのです。

広告が担うのは明日からの売り上げです。つまり広告を考えることは未来を考えることなのです。

②広告は世の中を明るくするビジネスである。

広告は未来を明るいもの、楽しいものとして捉えます。時には問題提起の広告もありますが、必ず救いの要素を入れてあります。事件、事故といった暗いニュース、次々に殺人が起こるドラマの合間にＣＭが入ることには意味があります。

明日の暮らしへの素敵な彩りを提案するのが広告。当然明るいトーンになります。世の中から広告がなくなったら、殺伐としてくるのは間違いありません。

③広告は問題を解決するビジネスである。

日々生まれてくる商品やサービス。それは現状をより良くするという共通の価値を持っています。だから買いたくなるのです。商品やサービス自体が問題解決になっていることは当然ですが、広告表現では、その点をどう見せるかに、どう語るかにポイントがあります。

時にはクライアントサイドが気づかなかった提案を差し上げることもあります。広告制作者は常にアンテナを張っていて、今、どんなコミュニケーションの設計をしたら世の中に届くのかを考えています。

広告自体も絶えず刷新していく必要があります。新しい表現手法を見つける努力は欠かせません。それはマンネリ化するコミュニケーション手法を解決することにもなります。

コミュニケーションの目標は何でしょう？　人間関係を良くしたいから、ビジネスで成功するために必要だから…様々あるでしょう。伝えて伝えられて上手くいけば、まずあなた自身がハッピーになれます、それは確かです。

マズローの欲求5段階説があります。アメリカの心理学者であるアブラハム・マズローが唱えた説で、マーケティングを担う人は、みな心に留めておくべき説となっています。生きていきたいという下位の階層からスタートして、一つの段階が達成されるとさらに上の階層に行きたくなるのが人間であるという説です（23ページ参照）。

最近よく「承認欲求」という言葉を耳にします。マズローの説でいえば下から4段階目。かなり贅沢な欲求でもあります。コミュニケーション出来る、ということは、社会の一員である自分の確認になります。さらに、相手に分かってもらえれば承認されたことになります。その上、自分が考えたこと、想い、アイディアが相手に受け入れられれば、それは、自己実現欲求にまで上がることになります。

ましてビジネスの現場でそれが実現したらどうでしょう？　とてもハッピーな状況になります。コミュニケーションを仕事とするのは、実は大変贅沢なことなのです。食べていかなきゃ、健康でいたい、安心して眠りたい、などの生理的欲求、安全欲求を超えて、社会の一員、企業の一員として居場所があり、さらには自分の存在や考えを認めてもらい、仕事の成果として実を結んでいくことだからです。

つまりマズローの欲求5段階説でいう最上位に上ることが出来る。創造力を発揮して何かを思いつき、それを認めてもらい社会に問うことが出来る。社会はその発想で動くことになる。

広告のクリエイティブという仕事を通じて、マズローの説を見てみると、自己実現の度合いが高いことが見えてきます。何と贅沢な仕事なのでしょう。どれだけエネルギー

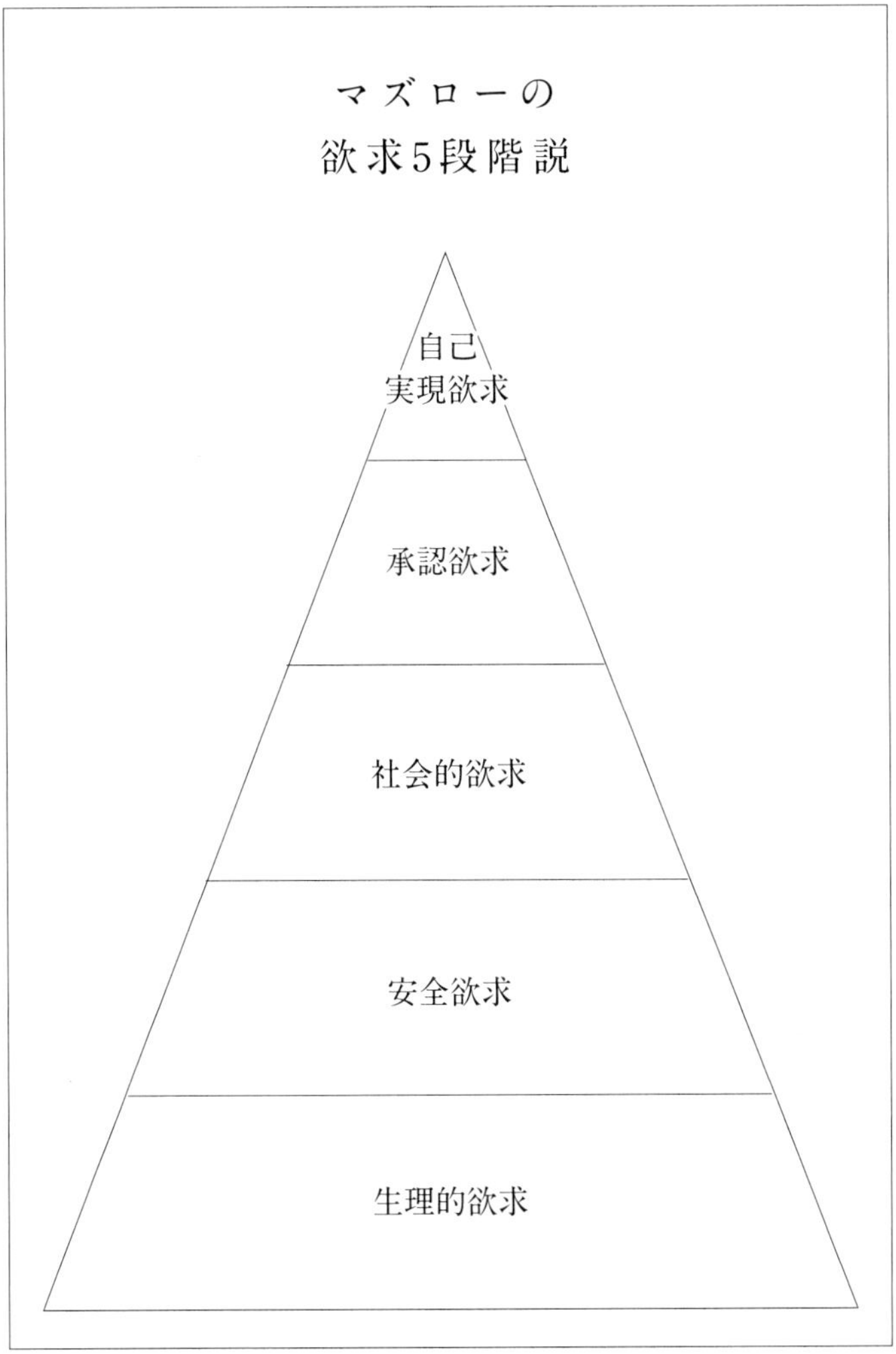
マズローの
欲求5段階説
自己
実現欲求
承認欲求
社会的欲求
安全欲求
生理的欲求

を費やしても仕事として全うしたい。そう思える理由が見えてきます。

広告制作者が、コミュニケーションとクリエイティブを語ることには大きな意味がある。

広告制作というビジネスは、「説明と表現のビジネス」と言い換えることが出来ます。広告はクライアントの商品やサービス、時には企業そのものをいかに上手く世の中に説明してあげられるかの勝負です。

テレビ番組は見ようとして見てくれます。新聞記事は内容を知りたくて読んでくれます。しかし、誰も広告を見ようとして見ないのです。コピーにしても誰も読もうとして読まないのです。キャッチフレーズで気を惹《ひ》いて、ボディコピーといわれる説明文を最後まで読んでもらうには、そうとうの力量が必要となります。もちろんビジュアルのチカラも必要です。

ただの説明文では誰も読んでくれないので、表現という工夫は欠かせません。広告上、化粧品Aのライバル商品は、化粧品Bではないのです。化粧品Aの広告は、クルマや携帯キャリアや飲料など、あらゆる広告の大海の中で主張しなければ届きません。伝わるかどうかは表現次第。

コミュニケーションとは説明のヤリトリです。仲間内の雑談ではなくビジネスの現場では、説明力が必須となります。説明無くして、事業は成り立ちません。上手い説明が出来れば、ビジネスは進み、あなたの評価も上がることになります。そこには当然工夫が必要となります。ビジネスの打ち合わせ時間は短縮に向かって進んでいます。短い時間で伝えるためには何をしたら良いのか？　その点を広告業界の人間は鍛えられています。

15秒に凝縮して伝えることを仕事としているのが広告制作者。私も、「ああ17秒、いやせめて16秒あったら、もっと伝えることが楽になるのに」とCM編集のスタジオでいつも思っていました。しかし、現実は15秒しかない、あるいは新聞の3分の1のスペースしかない、あるいは、電車のドアに貼る小さなステッカーしかメディアは与えられていない。そんな環境で仕事をしてきました。

実は制約があるとクリエイティブ力は増すのです。近頃長尺の動画が増えています。自社のホームページに置くのであれば、65秒でも79秒でもいいわけです。しかし、途中で離脱されてしまう確率が高くなりました。15秒で決着をつける、という制約が表現の集中力をつくっています。

私はクリエイティブ・ディレクター（ＣＤ）を名乗っています。ＣＤと聞くと、世間の方々は、日々制作力を発揮しているのだろうと誤解してくれます。実際は違います。全体のエネルギーの３分の１は、確かにクリエイティブに使います。

次の３分の１は、人間関係づくりというコミュニケーションに費やします。事前にクライアントとの人間関係や社内の関係をつくっておくに越したことはありません。同じ「『天気の子』は良かったよ、１回観てみて」という推薦の言葉でも、信頼している友人に言われるのと、日頃からパワハラもどきの扱いをしてくる上司から言われるのでは、受け手の反応は１８０度違ってきます。

最後の3分の1はプレゼンテーションに使います。プレゼンテーションの席では、相手に分かってもらえなければ、せっかく考えた案やアイディアがボツとなってしまいます。どう説得するか？　案が悪かったらそれまでですが、案を分かってもらえなかったがためにボツになることは避けねばなりません。そのため、プレゼンテーションには全力を持って臨みます。プレゼンテーションは、究極のコミュニケーションです。

正解が分からない世の中に、一つの答えを提供する仕事。

上智大学の講義の冒頭では、「世の中に出たら、正解はありません。自分で見つけにいくしかないのです。君たちは正解がないコミュニケーションの海を泳いでいくことになるのです。この講義はその練習です」と語ります。その後も繰り返し、この言葉を使います。それだけ本気でそう思っていますし、広告論という講義を担う意味だと信じています。

大学までは、偏差値という絶対のモノサシがありました。受験する大学学部を決める拠りどころにしてきました。しかし、世の中に、コミュニケーションの世界に、正解は存在しません。どんなに上手くいったように見える広告キャンペーンでも、もっと売り上げに貢献できるキャンペーンがあった可能性は大いにあります。

みなさんは、どこかに食事に行こうとすると、まず食関連のサイトを検索します。そこには「すごく美味しかった。すぐにもう一度行きたい！」という評価もあれば「期待外れ。二度と行きません」という評価も目に飛び込みます。「雰囲気もインテリアもイマイチ。でも食事はリーズナブルで美味しく、同行者には喜ばれる」みたいに、「いったいどう判断したら良いんだ？」と突っ込みたくなるコメントもあります。デートで使いたいのですが、さてどうしましょう？

初めてのデートで、思い切ってその店に決めたとしても、「やはり、別のレストランを選ぶべきだったか」と迷い続けて当日を迎えることになります。臆病者は、もう迷いの大海で溺れそうになります。良い店でも、通された席の位置や、たまたま接客に当たったウエイター次第で雰囲気も変わってきます。世の中はそういうもの。

コミュニケーションとクリエイティブという大変重要な分野には、正解はありません。だからこそプロは、あるであろう正解に近づくために努力を重ねています。誰もがコミュニケーション出来るし、思いつくことも出来ます。では、何がプロは違うかというと、正解に近づく努力を不断にやっている点です。何が正解なのか誰も判断できない。きっとＡＩがいくら発達しても永遠に答えのない世界がコミュニケーションとクリエイティブなのです。だからこそ、個人が一生懸命に取り組む意味は大きいのです。

「お世話になります」「頑張ります」は「ヤバイ！」

コミュニケーションでは常套句は相手に何も響きません。メールの冒頭に「お世話になります」と書いてある。会ったこともない方からのメールにも書いてある。別に何のお世話もしてないのに、と意地悪に捉えてしまいます。書く方も、読む方も、「お世話になります」には無意識になっています。コミュニケーションしていないのです。だったら無い方が良い。

日本には手紙の文化があります。時候の挨拶というのは良く出来ています。私も一時期「二十四節気」の本を手元に置いて、書き出しを考えていました。メールの書き出しの参考にしていました。ただし「立春の候」とか「暦の上では春とはいえ」などと書いても、まさに借りてきた言葉を並べているだけなので、自分の言葉に置き換える工夫はします。近頃は暖冬なので「2月になっても、妙に暖かさが続いていますね」とかです。

メールというのは人との縁。縁が出来たこと、縁があることだけでも有難いので、書き出しは、「ありがとうございます」から入るケースが一番多くなります。

人と会うとまず「どう？　さいきん頑張ってる？」。別れる時も「じゃ、またね、頑張ってね」。話の途中でも「頑張んなきゃいけないからね」という言葉が出てくる。日本人は本当に「頑張る」が好きな「頑張る」人たちです。しかし、どうなんでしょう？　そこにどんな気持ちを込めているのでしょうか？　単に便利だからと使っているのかもしれません。コミュニケーション出来ているのでしょうか？

マスコミ入社を目指す大学生が集まる勉強会では、「頑張る禁止令」を出したことがあります。「頑張る」を他の言葉に置き換える努力をさせました。言葉に敏感であって欲しいからです。私も率先しなければいけません。これは頭を使います。すると「この点を注意していれば大丈夫、頑張れ！」と普通に言っていたアドバイスも、「この点を注意していれば大丈夫、しっかりやってね」とか「励んだだけの成果は待っているよ」とかになります。

「じゃ、また、来週。頑張って！」という勉強会の締めの言葉も「ではまた来週。嫌な風邪が流行っているから気をつけて」とか「では、また、来週。一人ひとり課題と向き合ってください」になります。「頑張る」というのは確かに勢いをつけるのには良い言葉なのでしょうが、使わない努力をしてみると、相手のことを想うことが深くなって、優しい言葉が増えるような気がしています。「頑張る」を使って、いかに都合良く話していたかを痛感します。

最近は「ヤバイ」という言葉の守備範囲がどんどん拡大しているようで「メッチャヤ、マジでヤバイ」のではないでしょうか？

第1章

不安だらけのコミュニケーションから脱出する。

コミュニケーションの原則は、たった2つ。だからもう大丈夫。

広告であろうと、映像であろうと、動画であろうと、面接であろうと、さらには社内報告だろうと、企画会議だろうと、コミュニケーションの原則はたった2つ。「What to say」と「How to say」です。

「What to say」は、何を伝えるか？　何を伝えたいのか？　何を伝えるべきなのか？

「How to say」は、どう伝えるか？　どう伝えたいのか？　どう伝えるべきなのか？

もうこれに尽きるのです。もの凄くシンプルな原則なのですが、意外に見落とされてしまいます。

「What to say」を決めてから「How to say」にとりかかる。これも大事な原則です。

雑談や他愛もない日常会話では、自由に話せばいいのですが、ビジネスがからんでくるとそうはいきません。何を、この場面で伝えるのかという「What to say」である的を明確にして、その的を射抜くための矢である「How to say」に工夫を凝らす必要があります。

チカラ強い矢にするか、華やかで飾っておきたい矢にするか？　この原則が分かっていないと混乱が起こります。華やかな矢がとても魅力的に見えて、どんな飾りにしようかと、いくつもの羽を夢中になって試作してしまう。クジャクの羽を取り寄せ、カラーリングをほどこして一生懸命につくる。達成感もあるでしょう。しかし射抜かなければいけない的は30メートル先にあって、とてもその装飾的な矢では届かないといったことが起こります。的の設定を間違えていたら、無駄な広告、コミュニケーションとなってしまいます。

分かり易くするために一つの広告を例にしましょう。

37ページの図１のようなアルコール飲料「アルファ」が登場します。あなたならどんな広告を展開しますか？　すぐに出来そう、しかし意外に難しいでしょう。低アルコールでほろ酔い加減を訴えますか？　無農薬のメロンとレモンで身体に良さそうな点をアピールしましょうか？　それともスクリューキャップボトル入りで初夏に向けて、ということは、屋外で爽やかに楽しめる。そんな点をポイントにしますか？　2種類あることを取り上げても良いかもしれません。

どの点を訴えるか？　つまり「What to say」をどう設定するか？　これはコミュニケーションの方向を決めてしまいますし、売れ行きを左右することにもなります。それだけ大事なポイントです。商品企画でも、社内の報告でも同じ。何を訴えるか、何を目標にコミュニケーションするかが大事なのです。

広告は、伝える内容を引き算する。だから強いコミュニケーションになる。

いくつものアピールポイントがあれば、優先順位をつけるしかありません。送り手サイドは、あれも伝えたい、これも伝えたいとなりがちです。しかし、広告では一つがきちんと伝わっただけでも上出来。いくつもの要素を入れ込むと伝わり方が確実に弱くな

図1

新サワー

「アルファ」登場

□アルコール度数1度
□レモン味とメロン味の2種類
□天然果汁100%
□レモンもメロンも無農薬栽培

□初夏に向けて新発売
□全国のコンビニで発売

□スクリューキャップボトル入り

ります。

広告は引き算で強くします。いくつもの入れておきたい要素を、削って削っていくことで強くなります。

日常的に、逆のことが起こっています。こんな良いポイントがある。これもお客様にとってメリットだ。そうだ、あの点も訴えておけば、気にして買ってくれる方が出てくるかもしれない…。足していくことでコミュニケーションを強くしようとするのです。

商品単体にとっては、その通りでしょう。しかし、コミュニケーションは実は、確実に弱くなります。受け手の情報消化能力には限界がありますし、スマホ中心に圧倒的な情報量に囲まれている現実では、なおさら瞬時にまず一つの点をコミュニケーションする必要があるのです。

特に印刷メディアでは、あれも入れておこう、これも訴えておこう、が横行しています。社内のいろいろな部署に気を使って、小さな文字でも入れておこうが当たり前に起こっています。

「この要素を入れたとしても、誰も読まないと思いますよ」と思わずクライアントに言ってしまったことがあります。その時は「100人のうちで一人でも読んでくれればいいじゃないか！」と強烈に怒られたことがあります。私の言い方にも問題があったのですが、情報の受け手の立場に立てば、正しいことを申し上げていると今でも思っています。100人のうちの一人のために、広告を複雑にする必要はありません。コミュニケーション力は確実に弱くなるからです。

実はサイト上にも無限に近い情報を置くことが出来ます。スマホであれば、いくらでも下にスクロールすれば良いだけです。サイトに置く動画もしかり。いくらでも長尺の動画を作成して置いておくことは可能です。しかし、どんどん離脱者が出ます。スマホ上は場所の取り合い。ゲームもチャットも割り込んできます。

「What to say」を絞らないと、そして、優先順位をつけないとカオスをつくるだけになります。

送り出したい情報の優先順位をつける作業は、頭の中を整理してくれることにもなります。クライアントと優先順位を確認しておくことは、お互いの理解につながりますし、同じコミュニケーションの船に乗ることになります。一種の共犯関係が出来上がれば、それもコミュニケーションです。

伝えるべきことを決めると、伝え方も見えてくる。

さて、先の「アルファ」に戻ります。「アルコール度数1度」を「What to say」にすると設定します。すると、「How to say」であるキャッチフレーズの出番となります。デザイナーはビジュアル構築という「How to say」に全力を注ぐことになります。

「あまり、お酒に強くない方に」というキャッチフレーズにしましょうか？　それとも「強くはないけど、酔いたい、飲みたいあなたに」としましょうか？　それとも「お酒初心者のあなたに」としましょうか？

まったく方向を変えて、逆にお酒に強い方をターゲットに選べば、「呑兵衛の最初の一杯」とするか、あるいは「今日は、まず、このお酒から」とでもしましょうか？

同じ「What to say」でも、初めに出した例は、お酒初心者向けのアルコール度数1度という捉え方です。後半に見ていただいたのは、お酒好きの人向けの広告となります。キャッチフレーズは違いますし、もちろんデザイナーが提示するビジュアルも変わってきます。そう、ターゲットをどう設定するかは「What to say」の決定に大いに関わってきます。このことは後の章で触れていきます。ここでは、「What to say」と「Hcw to say」の関係にまず絞ります。

タレントという要素も「How to say」です。「What to say」の設定に拠ってタレント起用の考え方もまったく違ってきます。低アルコールで、お酒初心者に訴えると設定すれば、若く溌溂とした女優さんの起用が頭に浮かびます。一方、お酒好きの最初の一杯、という選択をすると、ベテランで酒焼けしたような顔をした男優の登場となります。

＊アルコール飲料の広告出演は、25才以上の方だけという自主規制があります。

では、無農薬栽培のレモン使用を「What to say」としてみましょう。例えば、キャッチフレーズは「この爽やかな酔い心地は、自然育ちのレモンから」となります。すると瀬戸内のキラキラした海を背景にしたビジュアルが思い浮かんできます。今ならSDGs（持続可能な開発目標）を意識して、「環境に負荷をかけずに生まれたお酒です」としてもいいでしょう。たかがレモンサワーですが、世界を相手にしているような妙なスケール感が生まれます。

「スクリューキャップボトル入りで、初夏に向けて新発売」。この点も「What to say」になる可能性があります。「海辺で散策しながら飲んでいただきたい」というキャッチフレーズをつければ、もうビジュアルは浮かんできます。CMの流れも想像が出来ます。「青い海、青い空、レモンのサワー」とすれば、頭の中に色まで浮かんできます。印象的な色合いのポスターをつくりたくなります。スマホの待ち受け画面にしても気持ちよさそうな画面になる予感もします。

いかがでしょうか？ どんな広告になるのかの分岐点はいくつも存在します。しかし、「What to say」と「How to say」で自分の頭の中と、一緒に広告を考えるチームの頭の中を整理しておかないと、混乱だけが生まれ、なかなか成果にたどり着けなくなります。

プロの仕事の現場でも、「ラグビーのあの選手を使って広告しようか？」みたいな会話がいきなり耳に入ってきます。これは危険です。今が旬のスポーツマンを使うことは「How to say」の要素。「What to say」を決めて、それを体現するのにスポーツ選手の活用が効果的だと踏んだら考えればいいのです。プロの現場でも、実は順番が逆になることがしばしば起こり、結果、効果の薄い、長続きしない広告が送り出されてきます。

コミュニケーションでは、一番大事なことから逃げるわけにはいかない。

プロの広告マンは、「What to say」をぎりぎりまで考えます。何を伝えるのか？という土俵を決めてから、さてどんな相撲にしようか？押していくか、まわしを狙うか、という「How to say」を考えます。土俵が違っていたら、傾けたエネルギーが徒労に終わってしまいます。違う土俵で勝手に相撲をとるほど空しいことはないのです。

日常のコミュニケーションもしかり。一生懸命に話している間に「あれ？　私、何を言いたいんだっけ？」になっていませんか？　日常会話は脱線しても、まあ、それが楽しいからいいのですが、ビジネスの現場でこれが起こると時間が無駄になっていきます。

エレベータートークというのがあります。エレベーターに乗っている刹那《せつな》の時間に、同じ空間の中にいる上司に報告が出来るか？　というもの。「昨日のゴルフはいかがでしたか？」などとお世辞を言っている間に、目的階に着いた上司は降りてしまいます。的確に報告するには「What to say」から話す。それも結論から話すしかありません。時間がまだ残っていれば、優先順位に従って話すだけです。

今、デジタルの進歩は加速度をつけています。メディアの状況は激変しています。次々に新しいＳＮＳが登場します。しかしメディアは絶えず変化しても、「What to say」と「How to say」というコミュニケーションの大原則は不変です。アマチュアがひしめき合うYouTubeの場では、まず目立つことを目的とした投稿が続きます。しかし、プロが送り出す動画は、目的を持った動画です。目立つことだけを考えて制作するほど、炎上の危険性が高まります。

「What to say」は目的、「How to say」はその目的をかなえる手段と言い換えてもOKです。「What to say」さえぶれなければ、「How to say」はいくらでも道はあります。その中で伝わるための最善の道を決めれば良いだけ。初めにプロでも意外に見落としてしまうと申し上げたのは、「How to say」を探っていくうちに、「What to say」を忘れてしまうケースが出てくるからなのです。

商品企画にしろ、社内の報告にしても同じです。そこには明快な目的がなければいけません。「何でもいいから目立つ商品を開発せよ」。そんな企画はあり得ません。たとえ、そんなラッキーな要請を受けたら、自分たちで目的を見つけるところから出発しましょう。

雑談力はなくても、ビジネスでは困らない。

学生時代までは、面白い人、笑いを取れる人が注目されます。それはそれで尊い資質なのですが、ビジネスの現場では違います。ビジネスでは、最終的には収益が問われます。今、この場で何を発言するか？　発言できる内容を持っているか？　それはこの会議の場で、事業を前に進める発言であるか？　それしか問われません。別に関西のお笑い芸人のように、何でも笑いにくるんで話が出来る。そんな能力は求められません。「What to say」をきちんと押さえた発言をする社員こそが重用されます。

円滑なコミュニケーションのために、多少の雑談があっても良いのですが、本質ではありません。近頃の打ち合わせは、短時間で効率良く進めることがさらに求められるようになりました。

天気の話題で10分費やすこともありません。いきなり本題に入ります。「What to

say」を持っていれば大丈夫。世間はあなたを離さなくなります。逆に雑談が多い人は、信用を失います。一流の人ほど話が短い。どんどんその傾向が加速しています。自信のない人ほど話は長くなりがちです。饒舌《じょうぜつ》になります。一方的に話を進めがちです。相手に何か質問されたり、指摘されることが怖いから余計にそうなります。世間は見ています。

雑談力は要りませんが、勉強は必要です。そのビジネスに関連があることには敏感になっておく必要があります。新聞記事、ネット上のニュース等々、読んでおく、知っておくと、思いがけず相手と会話が弾みます。あなたの信用力も高まりますし、話せる経験が増えれば臆病者でも自信を持てます。自信はさらにコミュニケーションを加速させます。

臆病者は勉強すれば良いだけ。一つの分野をある程度深めておけば、思いがけず応用も利くようになります。先の「アルファ」の例でいえば、無農薬の国産レモンを調べておくだけで、表参道の自然食レストランを知ることになります。あるいは、地球環境に負荷をかけないということで、ＳＤＧｓ関連の話題の輪にも入れることになります。気がつけば、他のビジネスでも話せる話題が増えるだけではなく、念願の雑談力も自然に身につくことになります。

あなたならではの経験を、今語りたい「What to say」にからんで話すことも有効です。なぜならその経験はあなただけのもの。あなただけしか語れない話題は、相手の興味関心を引きつけます。誰もが調べれば分かるネット上の知識よりも、個人の体験が入った話こそが説得力を持ちます。

再び先のサワー飲料「アルファ」を例にとりましょう。例えば「先日、瀬戸内のホテルに泊まったのですが、夕食前に立ち寄ったバーでは、瀬戸内のレモンを使ったカクテルが何種類もメニューに載っていまして…」と話を始めたら、それはあなただけの体験談。「アルファ」に関係する方々は喜んで耳を傾けてくれます。実は、これは私が先日実際に体験したことなのですが。

次も最近の実体験です。千葉の知り合いの方からいただいた国産無農薬のレモンは、切ってみたら、とても皮が薄くてジューシーでした。酸っぱさは強いのですが、どこか優しい風味なのです。こんな体験談も表現に使える可能性があります。「What to say」を「酸っぱさが優しいレモンサワーが出来ました」とすることが出来ます。「What to say」がそのままキャッチフレーズでも良いくらい。プレゼンテーションしても、何しろ私自身の体験談が基になった提案ですから、説得力があります。

笑いを取れる人、雑談で10分持たせる人。その人たちだって努力してきたのです。努力して磨いているのです。臆病者は勉強すれば良いだけです。自らの体験を大事にすれば良いのです。一流の広告マンは、みな勉強を怠りません。周囲にアンテナを張っています。一つの分野で身につけた知見や知識は、他の場合にも応用が利くことを良く知っているからです。

相手に対する好奇心も、雑談力を育《はぐく》みます。クライアント、上司、部下、社外パートナーの方々、ビジネスで出会う方はたくさんいます。興味を持っていますか？　好きなことを知っていますか？　出身地を知っていますか？　相手の方への好奇心は大事です。今、検索すればかなりのことが分かります。

臆病者は、観察力が磨かれる。だから伝えられる。

伝える前提は「聞く」です。ビジネスではなおさらです。「相手は何を言いたいのか？」が分かっていない限り、的確な答えは出せず、コミュニケーションにはなりません。では、相手の話は「What to say」がハッキリしているか？　それは問題です。ハッキリさせるのは、あなたの観察力にかかっています。あるいは、聞き出すチカラにかかっています。

観察力というのは相手に寄り添うことでもあります。相手の想いを理解しようという姿勢。それだけではなくて、もう少し俯瞰《ふかん》して見てあげて、サポートできる側面はどこにあるのかを探る姿勢です。自分を振り返ってもそうですが、一生懸命に語っている時、あるいは逆に何を語ったら良いのか迷いながら話をしている時は、タコツボに落ちている状況。狭い範囲を思考がグルグル回っている状況です。

聞いているあなたは、もう少し客観的に見ることが出来るはずです。だから寄り添える。寄り添えば、その空気感は必ず伝わります。相手が気持ち良くなればもっと本音を話してくれます。時には「ここだけの話ですけどね」という場面も出てきます。コミュニケーションは深まりますし、あなたの発言も重みを持って受け止めてくれるようになります。２人ともハッピーな状況になれば、ハッピーなコミュニケーションになりビジネスの成果も短時間に上がることになります。

頭の中で「要するに」とつけてみる。それだけで話は短くなる。伝わる。

私たちの頭はなかなか真面目に出来ています。「要するに」と頭の中で唱えてから話を始めると急に話が短くなります。ポイントから話すことになります。まず結論を言ってから理由を語れ、とは良く言われることです。その方が断然聞きやすく、理解し易いからです。

長くなると、「で、何を言いたいんだ?」というクエスチョンが相手の頭に浮かびます。これでは実のあるコミュニケーションにはなりません。

まず「要するに」と頭の中でつけてから話を始めてください。確実にあなたの話は短くなり、それでいてポイントが明確になっていきます。「What to say」は「要するに」と冒頭につけるだけで明快になります。自分でも驚くほどです。

「そもそも、それって何なんだ?」という問いかけも有効です。広告対象の商品やサービスには、この一番素朴な疑問からコミュニケーションのアイディアが生まれてくることが多いのです。事例を使ってご紹介します。

ある制作プロダクションの若手を集めて、「築地家の牛丼のコミュニケーションの切り口を探す」という演習をしたことがあります。築地家の特徴は「米沢牛100%。淡路島産の玉ねぎを使用。地元中央区の小学校で育てた春菊をワンポイントで使う。価格は税込み1000円。Wi-Fi完備、カフェ風の店内、築地市場の交差点直近の立地」というもの。

　さて、あなたなら何をもって「What to say」としますか？　という演習です。築地を訪れるインバウンドを狙う。お洒落な女性客を誘引する。などなど、ターゲット設定からいろいろアイディアは出てきます。40人で行ったのですが、40通りのアイディアが出てきました。伝えたい魅力的なポイントが並んでいますので、ついポイント毎にコミュニケーションの手掛かりを並べたくなります。しかし、待ってください。

「そもそも牛丼とは何なのだ？」。牛丼の本質が牛肉にあるとすれば、「そもそも米沢牛100％とはどんな意味を持つのか？」「魚の町築地に、そもそも牛丼は必要とされるのか？」。人の脳は真面目なので「要するに」と頭につけるだけで話は短くなる、と先に述べました。同じことで「そもそも、これって何なんだ？」と自分に問いかけると、その商品の本質に迫ることになります。これが大切。

「そもそも、このアイディアの本質は〜〜〜」「そもそも、この商品が世の中に受け入れられるためには〜〜〜」「そもそも私が言いたいのは〜〜〜」…「そもそも」をいちいちつけて話す必要はありません。むしろ面倒くさがられます。心の中で言ってください。話はまとまり、相手も聞きやすくなります。ポイントが整理されることで、その後の議論も的を持った議論となります。無駄に長い会議にはなりません。

コミュニケーションも、相撲の立ち合いと同じ。事前の覚悟で決まる。

私は良く相撲を見に行きます。国技館の独特の雰囲気が好きなのですが、注目するのは立ち合いです。何となく立ち上がってしまった、立ち合いで迷った…そんなことでは一気に押し出されます。コミュニケーションも一緒です。何となく話し始めていませんか？　何となくメールを書き出していませんか？　ポイント、つまり「What to say」が決まっていれば、逆算でイントロを書けます。

コピーライターは、ボディコピーという説明の文章を書く時は、書き出しに一番時間をかけます。実は、キャッチフレーズは弾みで書けてしまうことがあります。しかし誰も読もうと思って読んでくれないボディコピーにこそ、コピーライターの実力が出てしまいます。私は部下のコピーライターが一人前になったかどうかは、ボディコピーを読んで判断していました。それほどボディコピーにはごまかしがなく実力が出てしまいます。

ましで書き出しは非常に大事。初めの1行を読んでくれ、興味を持ってくれれば、最後まで読んでくれる可能性が高くなります。説明的な書き出しがあるだけで、読む方は脱落します。キャッチフレーズよりもボディコピーの書き出しが難しいのです。覚悟と意図と工夫を持ってコミュニケーションを始める。相撲と一緒です。

私はコピーライターの修業時代、せっせと先輩コピーライターが書いたボディコピーを書き写していました。気に入ったボディコピーを見つけては、ひたすら何度も書き写すのです。身体で、その全体のリズム感や、書き出し、締めのフレーズへの持っていき方を覚えるしかないと思っていました。これは大変役に立ちました。「身体で覚えるからボディコピーと言うのだ」と後輩にも推奨した方法です。魅力的な書き出しがあれば、コピーは最後まで読んでくれます。売り上げに貢献するには必須です。

同じことが会議の場での発言に求められます。まず雑談で場を温めてから、というミーティングはひとむかし前。ミーティング自体、どんどん少人数で、短時間で、に切り替わっています。雑談力を磨くよりも、本質であるビジネスの語り出しに注力するべきなのです。

コミュニケーションの原則を押さえておけば、自然と働き方改革になる。

働き方改革が時短を目玉としたことで、無駄な会議が減っていくことは歓迎すべきことです。私のコピーライター時代は、まさに長時間会議の連続でした。ずっと気になっていたのですが、長時間会議だと、参加者の集中力が合う時間帯がずれるのです。Aさんが一生懸命に説明していても、Bさんは他のことを考えている。Cさんは、ただ疲れてボーッとしている…典型的な時間がかかる会議となります。

私がクリエイティブ・ディレクターとなって会議を仕切るようになると、何を論議しているのかを明確にして始めることにしました。つまり、今日は「What to say」の案を持ち寄って議論する日。あるいは今日のミーティングは「What to say」は決めたので「How to say」でタレントを起用した案を詰めていこう。そんな具合です。

会議の議題が決まっているので、極めて効率は良くなります。何を決めれば解散できるかが見えていれば、参加者も集中することになります。つまり「What to say」と「How to say」をベースに置いて、会議の全体像と現在地を明確にしていくのです。私は勝手に「会議にアドレスを振る」と言っていました。

広告業界にはいくつものカタカナが飛び交います。コンセプトという言葉もその一つ。「今度つくる広告の表現コンセプトはどうしましょう?」という会話は良く聞かれます。これって危ないな、と感じる時があるのです。表現コンセプトといっても、みな同じ概念を共有しているわけではないからです。

それよりも「今度つくる広告は、何を伝えることを目的としますか?」とひらたく尋ねれば、まず誤解は起こりません。つまり「What to say」です。ある程度、理性で決めて理性でお互い納得します。

「How to say」は実はもっと情緒に関係してきます。トンマナも業界用語でしょうか?トーン&マナーのことを指します。これも思い浮かべるシーンは、人によって変わってきます。「静かで優しいトンマナで伝えましょう」と言っても、人によって、何をもって静かとするか、何をもって優しいとするかは違います。ですので具体的に案を持ち寄って、お互いが感じる「静かで優しい」を披露し合う必要があります。

「広告は時代を映す鏡」といわれてきました。私は「広告は時代を呼吸している」と感じています。商品は一緒でも、その時々で「What to say」の設定も「How to say」のトンマナも変わってきます。ということは制作者こそが時代を呼吸していないとまずいのです。

世の中に商品はあふれています。しかも似た商品だらけです。表面的な商品情報を広告しても響かないのです。「What to say」と「How to say」を決めることは難しくなっています。

広告に限らず、ビジネスに関わるコミュニケーションはみな同じ悩みを抱えています。では、どうしたら良いか？　次の章以降で語っていきます。

大学生が初めて書いたコピー

以下は、上智大学で実際に学生が書いたコピーです。

「What to say」を明快にしてから書くように指導しました。

初めてなので、まだ硬いところはありますが、楽しく企《たくら》めばここまで書けます。

お題は、四谷にオープンする四谷家（よつやや）という牛丼店です。

「他にはない特別感が登場」を「What to say」に設定する。

・「加われ！　牛丼界の革命に！」
・「非日常の一杯を」
・「牛丼界の宝石箱や〜〜」
・「前代未聞の牛丼」

課題

四谷家の牛丼の
キャッチフレーズをつくる。

□米沢牛100％
□お米は魚沼産コシヒカリ
□器は伊万里焼き
□アクセントに地元新宿区でつくった春菊を使用
□価格は1000円（税込）
□ターゲットは、四谷で働く方々、上智大生
□周囲には吉野家、松屋、すき家…競合多し

・「どんぶり界のドン」
・「器にまでこだわる心の器、持ってます」

「1000円という価格」を「What to say」に設定する。

・「1000円どおーん、日本をどおーん、四谷でどおーん」
・「ニコニコなるよ、2コイン牛丼」
・「明日のランチ代アップを期待しながら、今日も食器を洗います」
・「ご苦労様です。給料日」

「四谷という立地にオープン」を「What to say」に設定する。

・「頑張る四谷人の点滴です」
・「よつやでごちや」
・「これが、四谷家やっっっっ」
・「言いづらいけど、食べやすい」

「カロリーなんか気にせずに」を「What to say」に設定する。

・「糖と脂肪、どうせ摂るならこだわらない？」
・「この罪悪感がたまらない」
・「食え、さもなければ後悔しろ！」

「日本中各地の厳選素材で出来ている」を「What to say」に設定する。

・「純ジャパ牛丼」
・「日本は広い！　牛丼はうまい！」
・「私は国に貢献したい」
・「Bowl around Japan. 一食で日本を一周」

「牛肉の美味しさ」を「What to say」に設定する。

・「人生に肉躍る体験を」

・「Nice to meat you. いい肉に出会おう！」
・「婚活より就活より牛活！」

「ゆっくり味わいたい、贅沢な品質」を「What to say」に設定する。

・「ゆっくりでいいの」
・「貴族の牛丼」
・「上品。」

「女性でも入りやすい」を「What to say」に設定する。

・「スカート、パンプスで向かう牛丼」
・「牛丼ガールもありじゃない？」
・「ため息で逃した幸せ、牛丼で取り戻そう」

第2章

臆病者は、「なぜ？」と聞くことをためらってはいけない。

「なぜ？」と5回問い続けるだけで、あなたの考えは深くなる。共感を得るようになる。

コミュニケーションの原則は「What to say」と「How to say」である。と述べてきました。もう一つ大切なことがあります。それは「なぜ、その What to say」にしたのか？」「なぜ、その How to say にしたのか？」という点です。「なぜ？」と問うことは、実は、深い面を持っています。それは、その商品なりサービスなり、その企業なりが世の中に存在する意味や意義に近づくことになるからです。新しい例を出しながらご説明します。

音羽木工の広告をつくります。ふとん、まくら、ベッドが含まれるのですが、特にこれといった共通の商品特徴はありません。さて、○○○○○○に入るキャッチフレーズをどうしましょうか？　どこから手をつけたら良いのか分かりませんね。

○○○○○○○○○○○○○。

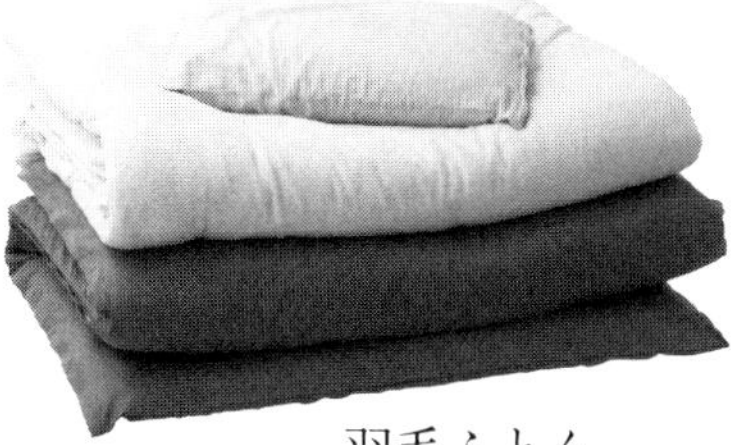

羽毛ふとん

天然木ベッド

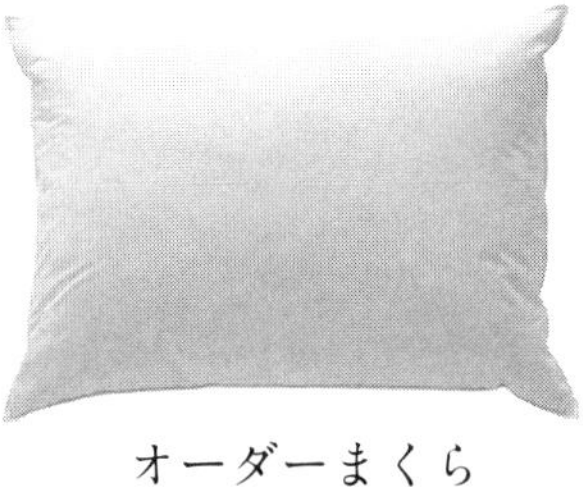

オーダーまくら

音羽木工の
寝具

商品特徴がない以上、基本から手をつけましょう。「なぜ？」と問うことが効果的です。興味を持って買ってもらわなければいけないので、根本の問いである「なぜ？」は「人はなぜ音羽木工の寝具に興味を持つのか？」です。その答えは例えば、「良い眠りをしていただくために」となります。

ここで止めてはいけません。5回の「なぜ？」を続けてみましょう。「なぜ、良い眠りが必要なのか？」⇓「良く眠れれば心身が健康でいられるから」⇓「なぜ、心身の健康が必要なのか？」⇓「元気に活動出来るから」⇓「なぜ、元気に活動出来ることが大切なのか？」⇓「気分良く働けて、気持ち良く一日を過ごせるから」⇓「なぜ、気分良く働きたいのか？」⇓「集中力も増して、仕事の成果も早く出るから」⇓「なぜ、集中力が増して、仕事の成果が早く出ることが重要なのか？」⇓「時短や働き方改革が叫ばれている今、社会の要請にもマッチするから」。

5回「なぜ？」と問い続けた成果は言葉に表れます。69・71ページのような2例の広告が出来上がります。

いかがでしょうか？　社会性を持った原稿となります。今という時代に問いかける意

良く眠ることは、良く働くこと。
羽毛ふとん
天然木ベッド
オーダーまくら
音羽木工の
寝具

味を増したコミュニケーションとなります。商品特徴もないし、困ったな、と感じていたのがウソのように立派な広告が出来上がります。

5回の「なぜ?」を続けてきました。答え方は、それぞれです。例えば、ということで私が答えをつくってしまっていますが、100人いれば100通りの答えになり、そこから「なぜ?」が始まることで、さらに答えは違ってきます。つまり分岐点の数ほど答えは多様になります。しかし、一つだけ確かなことは、「なぜ?」と問い続けることで、その答えは深い答えになる点。それは「社会性」と「共感性」に触れることになります。商品やサービス、そして企業が存在する意味や意義を問わなければいけません。

5回の「なぜ?」を繰り返すことは、単なる表面的な答えだったものを深く掘っていくことになります。これは、広告の例だけではありません。面接でも日常のコミュニケーションでも一緒です。「なぜ自分は、そういう意見を言いたいんだろう?」、「なぜ自分は、そんな考えをぶつけてみたいんだろう?」と、とにかく掘ることがとても大事になります。

関東平野では、その深さに差はあっても、どこでも掘ればあるガスの層に当たるそうです。これが社会性や共感の層。日本橋から掘っていっても、水戸から掘っていっても、八王子から掘っていっても、つまり起点は別個であっても、共通のガス層に行き着く。共通の層に当たれば、共感を呼びます。「なるほど」「うん、分かる分かる」となっていきます。

音羽木工の例にある通り、5回の「なぜ？」をやっておくと、単なる個人的な思いや行動が客観性を持ちます。深く問い続けるほど、答えは深まるからです。社会性や共感性につながります。商品自体が、世の中に存在する意味や意義を明確にすることになります。今、どのような商品やサービスであれ、その存在意義や意味が問われています。企業そのものが、存在する意義や意味を明らかに出来なければ、淘汰《とうた》される時代です。5回の「なぜ？」の必要性が高まっています。

さらには、問いを続けておくことで、プレゼンテーションで話す内容が深くなり、必然的に説得力が高まります。プレゼンに説得力を持たせる資料の集め方も見当がつきます。その場での質問にも、すぐに答えることが出来るようになります。プレゼン時の質問ほど怖いものはないという臆病者も、質問してくれないかな？　と、楽しく待てるようになります。それだけ深掘りしていますので、大概の質問は想定内になるのです。

「なぜ？」と問う人は面倒くさがられる。けれど最後には頼りにされる。

「なぜ？」と自問を続ける効用を書いてきましたが、実は大事なことはもう一つあります。それは、相手に対しても「なぜ？」と聞く効用です。

子供に「なぜ？」と聞かれ続けるのは、時としてしんどいことです。日常の会話でも、あまりいい顔をされないかもしれません。しかし、躊躇してはダメです。

「なぜ？」と問えない理由のもう一つは、「そんなことも分からないのか？」と思われる恐怖です。特に臆病者は気を使います。面倒くさいやつと思われるよりも、聞き流しておこう、あるいは知っているふりをしておこう。これではダメです。特にビジネスシーンでは、分かったふりをしないことが重要です。「なぜ？」と問うことで課題解決の手掛かりが得られるケースはたくさんあります。

広告のオリエンテーションをクライアントから受けている時に「なぜ？」と問うことで、たくさんのアイディアが浮かんでいるケースが多々あります。実は、問いを続けられた相手の答えの中に、素敵な広告をつくるヒントがたくさん含まれています。先に書いたように「なぜ？」と問うことの効用はクライアントの頭を整理し、課題を浮き彫りにする効果もあるのです。聞くチカラを養っておくと、オリエンテーションをもらった帰り道で、プレゼン案が出来ていたりします。思いつくのです。あとは3週間苦労したふりをしてプレゼンするだけです。

日常会話でも一緒です。相手は「なぜ？」と聞かれることを待っているのです。それは自分の話に興味を持ってくれている証拠だから。聞くことがコミュニケーションの第一歩です。深く聞いてあげることはコミュニケーションを深めます。

課題解決策を思いつき、クライアントに提示してあげられる。相手の話をじっくりと聞き、深いところで話を共有出来る。こうなれば、あなたは頼りにされることになります。するとコミュニケーションも自然と上手くいくようになり、嬉しいスパイラルが発生します。

コミュニケーションとは、聞くチカラである。

臆病者は、「何か質問を」と振られると困ってしまいます。振られそうな予感があると、話を聞くどころか、質問を考えることに気を取られてしまうのです。講演会などで、「みなさんには、後ほど質問していただきますから」と司会者が語った瞬間から、緊張が始まります。

私は電通時代に、部下がどんな質問をするのかをいつも気にしていました。質問の質はアウトプットの質に比例するからです。仲間内の他愛のない会話は別ですが、ビジネスに関係する場面での質問力は大切です。本質的なことは、相手も問題意識を持っていますので、深い話になります。結果、信頼関係を築けることになります。

コミュニケーションというと、ついどう話をつないでいくか？　に気を取られます。ましてや臆病者は。しかし、質問から始まると思えば気は楽になります。なるべく本質的な質問から入りましょう。「そもそも、〜〜は、どういうことでしょう？」が基本です。先にも書いたように「そもそも」とつけるだけで人の頭の中には本質的な質問が並びます。

質問がヘタな人は、どうでもいいような枝葉の質問を繰り出します。先に挙げた築地家の牛丼を例にとりましょう。「ええと、中央区内の何校の小学校を巻き込んで、春菊栽培をしているんですか？」などの質問です。

実は、面白そうな答えが返ってくる可能性があります。小学生が栽培する春菊。買い取った費用はどう使われるんだろう、とか、学校教育と一体化したレストランは、これからの先駆けになるかもしれないとか。しかし、あくまでも春菊は、ワンポイントの要素です。築地家の牛丼の本質ではありません。これでは、一番掴んでおきたい「What to say」からどんどん逸《そ》れていくだけ。枝葉の話で盛り上がるほど、本来とるべきコミュニケーション戦略から離れていきます。

一番的確な質問は、本質に関する質問です。この場合の本質は「なぜ、築地で牛丼？」「なぜ、米沢牛？」「なぜ、1000円？」そのあたりですね。中心軸を掴めれば枝葉は後でどうとでも聞けます。聞き方も違ってくるでしょう。

「（そもそも）築地でなぜ、牛丼屋開店なのですか？」と聞いてみる。それこそ相手は一番悩んできたことのはずです。そう、本質なのですから。「いやあ、魚ばっかりだとねえ、飽きちゃうでしょう。それに場内市場にあった吉野家さんも豊洲に移ってしまったからね」と答えが返ってきたら、そこからまた新たな質問の手掛かりを掴めます。クライアントの本質に迫ることが出来ます。

「しかし、魚を求めていらっしゃる旅行客に牛丼は受け入れられますかね？」と追いかけの質問を繰り出す。

「その点は大いに悩みました。しかしですね、築地を観光客の街ではなく、オフィス街と捉えると商機はあると思ったんですよ。ランチでも、夜食でも、1000円は決して高くはないでしょう!?」と答えが返ってきたら、もう、そうとうクリエイティブのヒントが出てきます。プレゼンテーションでの話し方も想定出来ます。

あるいは、「吉野家さんとの違いを求めたくて米沢牛にたどり着いたんですよ。しかし、国産牛の難しさはね…」と話してくれたらこちらのものです。そこには美味しい脂肪分をどのように牛丼として活かすに至ったかというストーリーが語られます。そのまま、築地家の牛丼の専用サイトに置いておく解説動画になりそうです。コミュニケーションは課題解決に結びつくためにあります。課題解決には、本質的な質問が欠かせません。

小学校で栽培している春菊は、別の話題として使うことが出来ます。春菊が話題の牛丼に人は1000円も払うでしょうか？　米沢牛100%使用だからこその価値を持つ牛丼です。そこに彩りとして加えれば良い情報が、小学校で栽培した春菊という要素。「What to say」はその商品の本質で設定してください。

あなただけのコミュニケーションは、あなただけの体験から生まれる。

もう一つのポイントは、自分の体験、知見を、相手の質問の答えに対して話していくことです。特に自分の体験は、あなただけのかけがえのない話になります。知識では、クライアントや上司に負けていても、体験や実感からくる話は、特別な意味を持ちます。

例えば、先ほどの牛丼家の例です。あなたならどんな体験を語れますか？　私は仕事があるのでよく山形へ出向きます。米沢名物は、もちろん米沢牛のお弁当です。車内アナウンスで、「ただいま、米沢駅で出来立ての牛肉弁当を仕入れました。いかがでしょうか？」と聞こえてきたら、もうお腹が鳴ってきます。あるいは、山形でよく行く居酒屋では、米沢牛を使ったレバニラ炒めが人気です。こんな例を挙げながら築地家さんと話を進めれば、きっと喜んでいろいろ話をしてくれます。

あなただけの体験からは、あなただけの話がつながっていきます。しかも、お客様の立場で話せるのです。別に偉ぶる必要はありません。要は、商品を使った体験、実感を大事にすることで、クライアントと前向きな議論に持ち込める。結果、効果的なプロモーションを実現することになるのです。

臆病者は、自分の体験、特に実感を語ることを、つい恥ずかしがって躊躇します。これは非常にもったいない。なぜならそこに自分の立場を築けるからです。立場、足場があれば、臆病から脱してコミュニケーション出来ることになります。

体験が強いのは、あなただけの話になると同時に、具体的な話になるからです。具体的とは、相手の頭の中に像を結ばせるチカラです。像を結ばせることが出来たらコミュニケーションは成立します。話が分かり易くなります。

体験は好奇心から生まれます。好奇心は想像力や創造力につながっていて、結局コミュニケーションにも影響してくると思っています。好奇心があれば自然に話題も豊富になりますし、さらに新しい人と出会うきっかけにもなります。一つの趣味をオタク的に追求することも尊いことだと思いますが、ビジネスでコミュニケーションしていこうとすれば、幅広く好奇心を持ち続けることが大切だと経験から思っています。

入社面接時のコミュニケーション必勝法

大学生と話していると、自分なんか特別な経験もしていないし、どこにでもいる普通の学生だから、面接で話すことがないと嘆きます。待ってください。「同好会での副部長職」「コンビニのアルバイト」そんな普通の体験であっても、「なぜ?」と掘っていけば、必ずあなただけの話になり、それはある種の社会性と共感性を呼び、面接官の心に残ることになるのです。5回の「なぜ?」をやってみてください。ただし、必ず自らの体験を入れることを意識して掘り進めてください。

「なぜ、私はコンビニのアルバイトを続けてきたんだろう?」⇓「いつ辞めてもいいと思っていたけれど、常連のお客様と交流が出来たから続いたのかな?」⇓「なぜ、お客様との交流が魅力的だったんだろう?」⇓「何気ない会話を続けるうちに、その人のことが分かるようになっていったし……」⇓「なぜ、人のことが分かると面白くなったんだろう?」⇓「その人の日常に、自分の存在があると分かったし…例えば、いつも発泡酒を２本買っていく初老のお客様は、晩酌が楽しみで、その前に、レジにいる私との会話が楽しみとおっしゃっていて、毎日、私自身がその方の来店を心待ちにしているようになったし…」⇓「なぜ、そんなに心に残るんだろう？」⇓「家族でも友達でもない人間関係は、生活をちょっと楽しくしてくれるのかな…」など。

さて、こんな「なぜ？」を５回やっておくと、大いに自分を助けることになります。本番の面接試験で聞かれる定番の質問があります。「学生時代に一番印象に残ったことは何ですか？」。

「はい、コンビニでのアルバイトです。毎夕刻、発泡酒を２本買いに来るお客様がいました。私の姿を見かけるといつも嬉しそうに話しかけてくれます。晩酌前のお楽しみに、発泡酒と共に、私との会話があるんだなぁ、と感じて私自身すごく楽しい時間になっていました」と答えるとします。

面接官は、「どんな会話なの？」と思わず聞いてきます。もうそうなればこの面接はあなたのペース。「コンビニでのアルバイト」という、どの学生でも持っている普通の答えが、実はあなただけのかけがえのない話に展開していきます。面接官の印象に残ります。その面接を突破できる確率がぐんと上がります。

この例は、私に相談に来た学生の実話です。話には続きがあって、その常連の初老のお客様の手はいつも震えていたそうです。商品を受け取る時も、小銭を差し出す時も震えていたとのこと。学生は悩みます。店長さんにも相談します。「もしかしてアルコール中毒だとしたら、そうではなくても何か病気を抱えていたら、発泡酒2本を毎日売ってしまって良いのだろうか？　でもあんなに楽しそうにしているし…」。

店長さんにも明確な答えはありません。確かに身体のことは極めて個人情報ですから、聞くわけにもいかないのでしょう。その学生は「結論も出していない、こんな話は、面接では話せませんよね」と自信がありませんでした。

この世の中、悩むことはたくさんあります。迷いも矛盾も普通に存在するのが世の中。答えが無いのも世の中。だから「そんなことはありません。悩んでいる真っ最中の話をそのまま話しても大丈夫。社会人は、みな、そんな局面に出会っているから、むしろ学生時代から問題意識を持っていることを評価するよ」と言って送り出しました。もちろん、この学生は内定をもらってきました。

体験を通じて具体的に語るとは、体験だけではなく、自分ならではの考え、想いを語ること。そこには好き嫌いまでが出てきてしまいます。それでいいのです。大丈夫、存分に自分を出してください。

毎年マスコミ入社を目指す学生が集まる組織があります。「アドリブ」というその勉強会では、徹底的に作文を書かせます。手書きで１３００字前後。この長さだと自分の経験を書かないともちません。経験から生まれる自分だけの話がカタチになっていきます。また、書くコミュニケーションは、話すコミュニケーションと違ってごまかしが利きません。漢字も覚えます。毎年のことですが、合格作文を書き上げることが出来た学生から、内定をもらってきます。

第3章

発想するにも、考えるにも、拠りどころがあれば臆病者は安心できる。

ところで、マーケティングって何なのだ？

「What to say」と「How to say」について、それを深める「Why?」について書いてきましたが、では、そもそも「What to say」や「How to say」を思いつく拠りどころは何なのでしょうか？

マーケティングという言葉が流通しています。書店に行けば、マーケティングとタイトルやサブタイトルに入った本があふれかえっています。では、いったい、マーケティングとは、何なのでしょうか？　日本マーケティング協会のホームページには、「マーケティングとは、企業および他の組織がグローバルな視野に立ち、顧客との相互理解を得ながら、公正な競争を通じて行う市場創造のための総合的活動である」と定義されています。お分かりになりますか？

上智大学の講義でも、各地に呼ばれて開く講演でも、私は聞きます。「さて、マーケティングとは、何でしょうか？　10歳になるカワイイ姪御さんに聞かれたら何と答えますか？」。10歳の姪御さんに説明するので、難しい言葉は使えません。

みなさん戸惑いながらも、いろいろな言葉で答えてくれますが、結局マーケティングとは「お客様をつくること。お客様と企業や商品・サービスを結びつけること」なのです。

企業活動は、すべて利益創出を目指すものです。とすれば、営業部だろうが広告部だろうが商品開発部だろうが、店舗設計だろうが、すべてマーケティング活動です。企業の組織図を見ると、一番端にマーケティング部があり、その中に宣伝部が同居している場合があります。おかしなことに気がつくはずです。本来は経営そのものがマーケティングなわけですから。

マーケティングの４Ｐ＆４Ｃというのがあります。お客様を確保する、つまりマーケティングのために必要な指標です。４Ｐは１９６０年代、４Ｃは１９９０年代にアメリカで生まれたマーケティング理論。古典なのですが、頭を整理するのに役立ちますし、特に「What to say」を考えていく拠りどころとしては、まだまだ活用できます。

4Pというのは、まずは「Product ＝商品設計」です。商品特徴といった基本が決まれば、パッケージデザインやロゴデザインにも影響します。基本中の基本です。商品に関する情報や商品開発のストーリーがあれば、「What to say」になりやすいし、その後の「How to say」も見えてきます。

アフターサービスや保証といったことも商品について回る大切な要素。それぞれの設計によって売れ方が違ってきます。

次が「Price ＝価格」です。いくらに設定するかで、売り方も売り上げも、お客様の層も違ってきます。利益率の計算も考慮。特別に高く設定することも可能ですし、セールス価格で一年中売っている商品もあります。

3つ目は「Place ＝流通・どこで売るか」。同じ化粧品でも、デパートブランドにするのか、ドラッグストアで展開するかによって売り方、見せ方、コミュニケーションは違ってきます。

最後のPは「Promotion ＝販売促進」といわれる、広告やPRです。

さて、4Pは送り手側の視点です。「マーケティング＝お客様をつくる」と考えると、当然お客様視点が必要になります。そこで4Pを生活者視点に置き換えたのが4Cです。

「Product」に対応するのが「Customer Value＝生活者にとっての価値」です。「Product」というのは、あくまでも送り出す側から見た商品開発の成果。それが果たして生活者にとって価値となっているのか？　という検証です。

薄型テレビが普及していく頃、あるメーカーのテレビは、その厚さ（薄さ）は5センチ。後発のメーカーは、わずか4・2センチ。その差を訴えたくなります。わずか8ミリの差を生み出すために、開発部、技術部はどれほどの苦労をしたことか。おそるべき技術革新が5つも含まれているというもの。

しかし、待ってください。生活者にとっては、5センチでも十分に満足なのです。4・2センチに飛びつく理由はありませんし、その技術力を評価もしてくれないことになります。つまり残念ですが、生活者視点で見ると4・2センチは「What to say」にならない可能性が高いのです。

2つ目が「Cost ＝経費」です。これも「Price」を生活者側から見た視点。いったいいくら払うことになるのか？　それに見合った価値がある商品やサービスであるのかどうか？　経費と考えると慎重になります。

3つ目が「Convenience ＝手に入れ易さ」です。どれだけ簡単に手に入るかどうか？　これも「Place」の裏返しです。それこそ、どこのコンビニでも手に入る、あるいは、ネットで注文できるものが良いかといえば、そう簡単でもありません。高級デパートでしか売っていない。青森県下北の店舗にわざわざ行かないと手に入らない。人は飢餓感があると燃えてしまう動物。どうしても手に入れたくなります。

Cの最後が「Communication ＝どんな回路で知ったか」です。「Promotion」、つまりどんな手法で生活者に知らせて買わせるかの裏返しです。ターゲットとする生活者にとっては、巨大メディアのチカラで「知らされた」も大事ですが、自ら情報を取りにいって「知った」ことは、はるかに大事なことになっています。買いたくなるモチベーションが断然違ってきます。検索して自分で情報を取りにいく行為は売り上げに関係してきます。ネットの発達は、購買行動に影響しています。

インターネットが変えていくコミュニケーション。

当たり前ですが、商品は知ってもらわないと売れません。４Ｃの最後がコミュニケーションとなっているのは、極めて大きな意味を持っています。

「ＡＩＳＡＳモデル」というものがあります。電通が提唱した購売行動モデルです。「Attention ⇒ Interest ⇒ Search ⇒ Action ⇒ Share」と消費者は進んでいくという行動パターンのこと。まず、知ることから始まります。ほとんどの場合は、テレビＣＭや屋外広告などを通じて知ります。ネット広告で知るケースもどんどん増えています。情報の洪水の中にいる生活者に知ってもらうために、広告は知恵を絞ってもいるのです。ここが「Attention」という注目を集める段階。

次に、自分に関係がある商品だと思う「Interest」。つまり興味を持ってもらう必要があります。多くの場合、広告で出来るのはここまで。注目を集め、ターゲットとする方々に、「あなたたちの明日がこの商品があることで、ひと回り豊かになりますよ」と期待してもらいたい。その商品がある日常を、楽しく想像してもらえたら素晴らしい広告効果だといえます。

みなさん興味を持つとどうしますか？　初めて触れる商品であるほど、調べることになります。ネット検索します。「Search」が始まることになります。ここでは多面的な情報や意見に出会うことになります。その商品を開発した企業のホームページには、さらに詳しい商品情報がありますし、親切なことに、使い方動画もアップされています。開発秘話というストーリーも読むことがあります。

一方、比較サイトに入れば、その商品と類似した商品が並べられて、いろいろな角度からのメリット、デメリットを読むことが出来ます。買って使った感想もポジティブなものもネガティブなものも見受けられます。購入金額の比較サイトもありますから、どこで買えば少しでも安いかが分かってしまいます。早くも中古品の出品も見つかるかもしれません。もう情報の海に飛び込むようなもの。新商品でも瞬時にサイト上には意見が飛び交います。

いよいよ決断し購入するのが「Action」。しかし、今の生活者はこの段階では終わりません。さっそく使ってみた感想をネット上に投稿するのです。つまり「Share」する。こうしてネット上には情報が溜まり続けます。

比例して、「ヤラセ」「ニセ書き込み」の問題は、増え続けるでしょう。ネット上の情報がチカラを持てば、売り上げのために利用しようとする輩は、後を絶たないからです。

コミュニケーションで求められるのは「提案力」。

商品特徴のことを「USP」といったりもします。これは「Unique Selling Proposition」のこと。「Unique Selling Point」ではないのです。ここに大きな誤解が生まれます。「Unique Selling Point」であれば、商品開発部は、どうにかして凄い商品特徴を開発しなければいけない。広告担当は、その特徴をベースにした広告を出す必要がある。と追い詰められていきます。

しかし、「Proposition」とすれば、企業の広告担当者や広告会社としては別の突破口があります。「Proposition」というのは「提案」のこと。その商品やサービスを通じての、何かしらの提案が出来れば良いのです。

その商品があれば、毎日の暮らしはどう変わるのか？　どんな良いことが訪れるのか？　ＣＭを意識して見てください。通勤電車の中の広告を見てください。画期的な商品特徴を謳《うた》うのではなく、提案をしている広告がほとんどだと気がつくはずです。それでも目立たない広告が多い？　それは提案力が弱いから。本質的な提案のポイントを見つけ「What to say」として設定し、それを工夫を凝らした「How to say」で伝えていないからです。

アイフォンのように商品特徴だけで突破できる画期的な商品は、そうは生まれません。提案力がますます求められる時代になります。ここにエネルギーを注ぐ勝負になります。提案力というのはクリエイティブの本質でもあります。受け持つ商品と世の中の接点をどこにつくるか？　すべては提案にかかっています。

序章で述べたように、広告は未来をつくるビジネス、広告は世の中の課題を解決するビジネスです。それは、提案です。商品そのもののチカラはもとより、どのように世の中に提案出来るかが勝負なのです。自分の心が動く提案を考えてみよう、家族が喜ぶ提案を考えてみよう、と捉えれば、楽しさも増します。楽しければ、考えることも前向きで明るくなります。ですから、広告は世の中を明るくするビジネスになるのです。もちろん「ＵＳＰ」という新たな提案は、そのままコミュニケーションの切り口です。『「世界の新商品開発や新サービス開発にも直結します。「無印良品は」ホームページで『「世界の人々に感じよいくらし」を提案していきます』と明記しています。そのための商品やサービスの開発なのです。伊勢半を代表する化粧品ブランド「ＫＩＳＳＭＥ」は「顔採用始めます」という自由なメーク、自分らしい服装で就活に臨んでくださいという提案で注目を集め、実績を上げました。魅力的な提案は、そのまま強いコミュニケーションとなる良い例です。

さらに具体的にご説明します。60ページでご紹介した「四谷家の牛丼」のキャッチフレーズは、ほとんどすべてが世の中への提案だと気がつきます。「貴族の牛丼」にしても「貴族気分で食べる牛丼はいかがでしょうか?」、あるいは「牛丼界では貴族扱いされるほどの牛丼はいかがでしょう?」、あるいは「貴族の名称をつけたくなる牛丼をお召し上がりください」という提案を、短く強くしてキャッチフレーズ化したら「貴族の牛丼」になったというわけです。

提案の中でも、期待感に触れることは有効です。「この牛丼は、あなたの午後を変える」としたら、人は何を感じるでしょうか? 素晴らしい食材の牛丼をランチで食べることで、自分はひと回り大きくなれる。こんな牛丼を食べられる私の午後は明るい。そんな想像をしてもらえたら、きっと来店してくれるでしょう。

コミュニケーション出来たとは、人の気持ちを動かせたということ。

次にお話しするのは「Human」という切り口。実は多くの広告は、この考えをベースにつくられています。この商品やサービスは、人の心の中に何を残すのか？　あるいは、この商品やサービスがあることで、人はどんな気持ちになるのか？　あるいは、この商品と生活者の絆をどうつくれるか？　という切り口です。

「Human」をベースにした広告を提案すると、クライアントは「この広告コミュニケーションは、他の商品でも使えますね。もっと弊社の商品ならではのコミュニケーションを考えてください」と対応します。真面目な広告担当の方ほどそう言います。でも、ちょっと待ってください。それほど特徴がある商品なのでしょうか？

私は、「そうですよ、ライバル社の商品でも使えます。まったく違う商品でも、ちょっとアレンジすれば使えるコミュニケーションです。だからこそ、他社がやる前にこの手法で広告をつくって送り出しましょう」と答えてきました。

「Human」視点に立つと、コミュニケーションを考える際に、哲学的、心理学的になります。それは、「人の気持ちや行動って、何に基づいているのだろう？」と考えること。「この商品は人の幸せのどこに関与しているんだろうか？」ということまで考えます。何しろ人の根っこにある願望や欲望、喜怒哀楽や好き嫌いにまで関与しようというコミュニケーションになります。

60ページからの学生が書いたキャッチフレーズを見てみましょう。「この罪悪感がたまらない」というキャッチフレーズは、とんかつでも使えます。ハンバーガーでも、スイーツでも使えるでしょう。「ゆっくりでいいの」になったら、高級エステでもリゾートホテルでも使えるでしょう。

こうして実例で検証していただくと分かり易くなります。「Human」に基づくと、「その広告は、他の商品でも使えますね」という反応がクライアントから返ってくる理由が分かります。しかし、そのコミュニケーション戦略を取れば、生活者の心に深く残ることが出来、結果、記憶にとどめてくれることになります。このタイミングで、この考え方の企画を、この商品で展開することが大切なのです。
お気づきのように「ＵＳＰ」と「Human」は、どちらか一方しか取れない手法ではありません。「ＵＳＰ」に基づく提案を「Human」を意識して送り出せば両方がかなえられます。実際、多くの広告は、濃い薄いはあれ、その両者のグラデーションの中から生まれてきています。大切なことは、何となくそうなった、ではなく、意識しておくことなのです。

すべての企業も、商品も、サービスも、
地球環境の一部となっている。

次にお話しするのは「For good」という考え方です。
つまり、「その商品やサービス、それを送り出す企業は、社会に対してどんな良いことをしているんだろう?」という視点です。

先の章で「What to say」を決めていく時に、5回は「Why?」と問うてみると、その商品が世の中に存在する意味や意義が見えてくるとお話ししました。ここと通じることになります。かつては隠れている部分でした。しかし、「For good」を積極的に考えることが、新規ビジネス開発の足場になってきています。コミュニケーションの足場にもなってきています。視野が一気に広がるのです。

＊

２０１３年のカンヌライオンズ（旧カンヌ広告祭）の会場内は、「dumb ways to die—馬鹿げた死に方はやめようぜ！」という歌で席巻されていました。どの会場へ行っても、どの部門の表彰式に出向いても、この歌が聞こえてきます。メルボルンの地下鉄が、電車事故防止を訴えるために展開したキャンペーンソングです。

普通、電車事故防止といえば、「ホームの端は歩かないように」とか「物を落としても線路には降りないで」といったメッセージになります。ところが「dumb ways to die—馬鹿げた死に方はやめようぜ！」としたのです。実際に歌の中では、ハチの巣をつついたり、瞬間接着剤を飲んじゃったりと世界中の子供ならば思い当たる「馬鹿げた死に方」に直結するシーンが、ユーモラスなイラストと軽妙な歌を背景に送り出されてきます。

もちろん歌の最後には、「地下鉄周りの馬鹿げた死に方」が歌われます。しかし、このキャンペーンは、その枠を超えてしまいます。メルボルンという一都市の鉄道安全キャンペーンだったはずなのに、世界へと枠を広げてしまったのです。

世界中の子供、そして子供時代を経てきた大人が共感したのです。それが爆発的な波及効果を生みました。実際に21％も電車事故は減ったそうです。カンヌでは5部門でグランプリを獲得しました。

＊dumb ways to die　https://ja.wikipedia.org/wiki/Dumb_Ways_to_Die

担当している商品や企業を通じて、世界を巻き込む何か良いメッセージを出せないだろうか。そう考えると新しいクリエイティブが生まれる。コミュニケーションは普遍的なチカラを持つ。ひと回り大きな概念を提示できる。世界の広告関係者が気づいたエポックメーキングなカンヌとなりました。

たしかに、「dumb ways to die」は公共広告です。もともと世界に広がる資質を持ってはいます。しかし、企業が送り出す商品のコミュニケーションにも必ず有効に働くはずだと、私たちは確信したのです。

身近な例でお話ししましょう。先の音羽木工の寝具にしても、「あなたの快眠のために」とすればすぐに広告は出来上がります。では「For good」を意識したらどうなるでしょうか？「良く寝れば、世界の平和を考えられる」とでもしましょうか？何を大げさな、と思う方もいると思います。ですが、新しい広告、新しいコミュニケーションの方向は見えてきます。ほんのちょっとした意識改革なのです。

明日からのコミュニケーションを設計するために、臆病者は決断する。

さて、この章のまとめです。「What to say」を設定し「How to say」を工夫するために考慮しておくべき点です。いくつものキーワードを提示してきましたが、まとめておきましょう。

まずは商品そのもの。つまり「Product」です。商品特徴も含まれますし、価格やアフターサービスの状況、どこで買えるのかも含まれます。4P&4Cほど細かく分ける必要もなく、「Product」といえば、すべてを含んで考えることになるからです。先に見ていただいたように、価格設定や、どこでどう売るかを含め、分かれ道は無数に存在します。

次に「Air」です。「いったい、今は果たしてどんな世の中なのだろう？」「明日はどんな世の中であり、人の気持ちはどう動いているんだろう？」と想像することが大事です。明日のことは分かりません。だからむしろ自分の気持ち、気分を考える。身近な人のことを想う。そんな実感が大事だと思っています。商品もサービスも企業自身も、時代の空気とともに動いていきます。

コミュニケーションに関わる私たちは、意識して時代を見据え、明日を想像しておく必要があります。ＳＮＳで誰かの意見に「いいね」を送っているだけでは、とても真剣に生きているとはいえないのです。

私が今一番大事だと思うのは、繰り返しますが、商品にしろ、サービスにしろ、企業にしろ、それが存在する意味と意義です。これを解き明かせないと淘汰されていくと考えています。時代の空気は明らかに本質的なことを問う方向に向かっていると考えています。

次は「Competitor」、つまり競合相手です。例えば、スマホやそれを運用するキャリアの大競合の様子を見ても、今がいかに厳しい競合時代なのかが分かります。悩ましいのは、ライバルは同じジャンルの中にいる相手とは限らないこと。スマホゲーム業界自体がお客様を取り合うことはもちろん、スマホ視聴時間をめぐっては、動画視聴サイトもニュースキュレーションサービスも、雑誌や本の購読サイトも、ＳＮＳもＥコマース（電子商取引）も競合相手になります。

旅行費を節約して、月々のスマホ代に充てていたりすると、旅行業界の競合相手は同じ業界には存在すらしていないのです。ＩｏＴで、すべての家電がつながったりすると、テレビモニターの競合は洗濯機の液晶ボードになるかもしれません。財布は一つです。競合はどこに出現するのかも見通せない時代が加速します。お客様をつくる立場であるマーケッターの力量が今まで以上に試されています。

そう、誰にコミュニケーションを届けるのか？　誰に売るのか？　という「Target」の見極めも難しくなっています。ターゲットによって、広告、それもコピーが違ってくることは想像がつきます。「四谷家の牛丼」のコピーで具体的に説明しましょう。「試験前は学食より、四谷家」とすれば、明らかにターゲットは上智大生です。「ゆっくりランチは、四谷で女子会」とすればターゲットは四谷近辺の社会人女性になります。「ランチ接待の穴場が出来た！」とすれば、スーツを着た人たちがターゲットとして目に浮かびます。

では「究極の牛丼、出来ました」としたら、ターゲットはどうなるのでしょう？　実は、商品特徴をそのまま提案して、惹かれた方すべてをターゲットとする考え方も成り立つのです。上智大生も働く大人も、年金暮らしのお年寄りでも食べに来てくれる可能性が出てきます。

何が誰の関心を惹き、どうヒットするのかが読めない時代に、ターゲット設定というのは実は非常に悩ましい課題となります。ですが、狭く尖《とが》らせて明快にするか、広くとって、反応を待つか？　まずは決めないと先に進めなくなります。

最後の拠りどころは「For good」です。世界はつながっています。ＳＤＧｓ、エシカル、ＥＳＧ投資…すべての新しい概念は同じ方向を指しています。

コミュニケーションも同じです。商品があって、それを伝えるためにコミュニケーションを設計する。その順番すら逆でも良いのです。「For good」なコミュニケーションをするために商品を開発する。「For good」を体現する企業であるために事業を一新する。新しい波が始まろうとしています。

さて、拠《よ》りどころをまとめます。「Product」「Air」「Competitor」「Target」そして「For good」。つまり「PACT For good」。これが、「What to say」と「How to say」を設計するための指針です。コミュニケーションすべてに応用できます。特にビジネスでは使えます。商品開発でも上司や取引先へのプレゼンテーションでも活用してください。

そして「ＵＳＰ」である提案をどう設計するか？「Human」に人に伝えていくには

どんな手法、どんなメディアが有効なのかを楽しく企みましょう。

働き方改革は、コミュニケーション改革

「働き方改革」が進んでいます。その全体設計には賛成です。健康に健全に働くに越したことはありません。肉体疲労も精神的なダメージも、じわじわと人を追い詰めます。

しかし、働き方改革が、時短という一点だけをゴールに進むことには大いに危惧があります。残業時間は数字で見えてしまう分、チェックの対象になりやすいのでしょう。

本文で述べたように長時間会議は工夫次第で減らせます。しかし一方で、ギリギリまで詰める、粘る。という本来仕事が持つ醍醐味の時間もあるのです。スリリングで、ある意味一番大切で面白い局面にエネルギーと時間を回すことが出来ているのか？　という危惧を感じています。

ギリギリにならずに、余裕を持って企画を進めれば良いではないか？と言われそうですが、そんな机上の理屈では仕事は成り立っていません。

考えたいだけ考える。粘りたいだけ粘る。時にはそんな時間が必要です。それを体験した個人とチームは確実に強くなります。

確実に強くなった個人もチームも、次の仕事は、もっと時間のやりくりが上手くなります。それでも最後の詰めには時間が必要です。就業時間を気にしながら働く方々には同情を覚えます。

むしろ問題は、本書のテーマでもありますが、コミュニケーションにあると思っています。

「この仕事をする意味、意義」を掴んでいれば悩みは少なくなります。納得していれば長時間の仕事でも苦にならなくなります。自分で自分の時間を過ごしているからです。仕事とはモチベーションです。そしてモチベーションはコミュニケーションがあって初めて保つことが出来ます。

上司のコミュニケーション能力が問われています。上司は伝えなければいけません。部下は聞いた方が良いのです。臆病者こそ、自分を守るために聞くべきです。「この仕事を全うする意味はどこにあるのですか？」と問いましょう。ほんとうは、部下にそんな質問をさせる前に、上司が説明すべきなのです。コミュニケーションを深めるどころか、まったくコミュニケーションの責任を果たさない上司がいると部下は不幸です。

上司にも、その仕事を命ずる明確な答えが無いとしたら、その仕事そのものに問題があります。それこそＡＩで代替出来る作業の可能性が高くなります。社内にそのような作業があることを放置しておくことは経営の問題です。

一方で、予想もしなかった事態が働き方改革を進める可能性が出てきました。

新型コロナの影響でテレワークが増えました。私のような業態はテレワークにまだ馴染むので助かっています。

打ち合わせもテレワークに切り換えざるを得ません。会って話すことが一番だとは思いつつ、複数の関係者の意思がその場で確認できるので仕事は前に進みます。モニター上に映し出される資料に、参加者全員が集中する効果もあります。通勤時間は不要になりますし、さっさと終わらせたくなるので、その分確実に時短になります。新型コロナが終息しても、一度始まった流れは止まらないでしょう。テレワークという新しいコミュニケーションがつくられている実感があります。

試行錯誤が続くテレワークの検証はこれからですが、上司のコミュニケーション能力、コミュニケーションにかけるエネルギーがますます問われることは確実です。より誠実で明確なコミュニケーションを図らないと、一方的な指示を受けて苦しむ部下が出てくる可能性が高まります。

働くスタイルは変化しても、働き方改革の中心はコミュニケーションの活性化であることに変わりはありません。

第4章

誰だって、閃《ひらめ》く人になりたい。

閃く秘訣は、モノとモノ、コトとコトの橋渡しにあった。

電通に入社するとコピーライターの修業が始まりました。学生時代に、論文（論文もどきですが）を書いていた経験から、コピーのような短い文章はすぐに書けると思っていました（アマちゃんですね）。ところが書けない。うんうん唸《うな》っても書けない。麗しき徒弟制度があったので、とても優秀なコピーライターの先輩が指導役でついてくれました。いつ書いているのか、先輩はスラッとコピーを仕上げています。「どうなっているんだ？」。「何であんなに何気なく書けるんだろう？」。3ヵ月後、勇気を出して聞いてみました。「どうやって閃いているのか教えてください」。そう「閃く」という言葉を使って聞いたのです。

アルキメデスは、自分がお風呂に入ると、お湯があふれることに気づき「エウレカ！分かったぞ！」と叫びながら裸で飛び出し、アルキメデスの原理を発見したとか、ニュートンは、リンゴが木から落ちるのを見た瞬間に万有引力を見つけた、とか。ともかく、閃くという、ときめく言葉を使いたかったのです。

「ある日ね、手の中に落ちてくるんだよ」と先輩は右の手のひらを上にかざしたのです。そうか…そういうことか…やっぱり…？？？？　しかし、いつになっても私には落ちてこないのです。いつも手のひらを上に向けて考えるのですが、どうしても落ちてこないのです。夜寝ている時に思いつくかもしれないと、枕元にメモを置き、夢の中に出てきたフレーズをメモするのですが、朝起きてがっかり。使い物にはなりません。

１年経ち、２年経ち、少しずつ仕事を任せてもらえるようになり、ようやく自分が書いたコピーをクライアントに持ち込めるようになり、気がついたことがありました。

毎週木曜日に、「週刊新潮」と「週刊文春」の中吊り広告が車内に出ます。通勤途中で何気なく見出しを追ううちに、コピーを思いついたことがあったのです。コピーを考え続けていると、デスクを離れていても頭の中に宿題が残っています。それこそ夢の中でも考えているわけですから。

まったく関係のない政治ネタだったか芸能ネタだったかの見出しに触発されて、コピーが出来たのです。「そうか！　これか！」と思い至ったのです。閃くって、こういうことなんだ。

天才スティーブ・ジョブズはこんな言葉を残しています。

「Creativity is just connecting things.　創造力というのは、いろいろなものをつなぐ力だ」（『スティーブ・ジョブズ驚異のイノベーション』カーマイン・ガロ／訳=井口耕二／日経BP社）。

まさにここに発想の原点があります。つまり、クリエイティブというと、何もない、無から有を生み出すことと思われがちですが、実は、物事を関連づけること、思ってもみなかったつながりをつくることなのです。そう考えると楽になりました。

思いつく、アイディアが閃く。何もしていない時に降ってくることではありません。前提として、一生懸命に考えている必要があります。そうすると、電車に乗っていても、映画を見ていても、テレビを見ていても思いつくことが出てくる。私の場合は、本や新聞を読んでいる時に思いつくことが多いのです。だからいつもペンを持っています。すぐに書かないと忘れてしまいます。

ニュースサイトのトップページを眺めている時もあります。もちろん今抱えている課題と関連する記事を検索している時に思いつくこともありますが、まったく関係のないスポーツやグルメの記事に使われている言葉をヒントにしたことも多々ありました。

クリエイティブは衝突と発酵から生まれる。

発想に関する講演を頼まれるとよく使う方法があります。例えば、書いても消せるボールペン「フリクションボールペン」のキャッチフレーズをつくるとします。「さあ、つくってください」と言われても、「好きに消せる」以外の発想はなかなか思い浮かびません。

そこで、新聞を取り出します。家庭欄とか政治欄、経済欄、スポーツ欄、どこでもいいのです。たまたま手が止まったページを渡し、名詞でも動詞でも形容詞でも良いので、パッと目についた単語を一つ挙げてもらいます。「犯人を取り逃がす」が選ばれたら、それをヒントにキャッチフレーズを考えてもらいます。すると「やってしまった汚点は消せないけれど、書いてしまった間違いはすぐに消せます」とかが出来上がってきます。「サッカーワールドカップ予選」が目についたら、そこから考えます。そうか、サッカーはビデオアシスタントレフェリー導入のお陰で、ゴールが取り消されたりするなあ…文字は取り消せるんだろうか？…「このフレーズ、取り消します！」としたら面白くなるだろうか、など発想は思いがけず広がっていきます。

これは、強制的に結びつきをつくる、言葉を衝突させる発想法。効果がありますし、受講生の方々も納得してくれます。スティーブ・ジョブズも言っていることと同じです。コトとコト、モノとモノ、単語と単語を強制的に結びつけていくと、新しい発想が生まれる。商品にしてもサービスにしても新しい展開は、こんな結びつけ発想から生まれているのです。イノベーションもその延長に存在します。

衝突といえば、クリエイティブ会議は衝突の連続です。意見、アイディアのぶつかりがない会議からは、突破力があるクリエイティブは生まれてきません。もちろん健全な意見のぶつかり合いですので、上司も部下もありません。面白いアイディアが出てきたら、それにみんなで乗っかるのですが、ただ乗っかるのではなく、どうすればもっと面白くなるかを探し続けます。

ある程度煮詰めたら1週間おいて、もう一度集まる機会をつくります。各スタッフの頭の中には、一緒に過ごしたアイディア会議の2時間が残っています。時間をおくことで、各自の中で発酵が静かに進行しています。経験からくるのですが、一気に案を詰めてしまうよりも、何回か発酵の時間を取った方が、はるかに早く素敵な結果にたどり着くのです。人はそれほど効率よく出来ていません。

どのスタッフにも複数の仕事が同時進行しています。これも大切。とことん一つの案件にのめり込んでいると、タコツボに入ってしまいます。いやおうなく複数の案件に頭のスイッチを切り替えていくと、相乗効果で頭の中で衝突が起こり、発酵が進行していきます。仕事の数だけ多様な人と出会いますし、多様な考えを聞くことになり、知識も広がっていきます。撮影や打ち合わせで国内外への出張も入ります。見知らぬ土地、見知らぬ景色は、きっと衝突と発酵に刺激を与えてくれています。

私がコピーライターの新人賞を受賞したのは、ニッカウヰスキーの広告でした。クリエイティブ・ディレクターに昇格したのは、キリンビールを担当している時。両社ともに、新商品開発も担っていましたので、工場に通い詰めていました。しょっちゅう現場の職人の方を訪ねます。工場の職人の方々は酵母の発酵に神経を使っています。私の頭の中ではアイディアの発酵が進んでいます。

不思議なことに、なぜかお風呂に入っている時に、閃くことが多いのです。これは私に限りません。多くのクリエイターが口を揃えます。仕事もひと段落ついて、ヤレヤレと湯船につかる。むしろ余計なことは考えたくない瞬間なのに、突然アイディアが浮かんでくる。忘れないように、風呂から飛び出してメモを取ります。かのアルキメデスと同じ。交感神経と副交感神経の関係とか、もしかしたら脳科学的には何か説明はつくのでしょう。大浴場で企画会議をやったらどうなるんでしょうか？

「閃く」という漢字は、門の中に人がいます。思い切って門をくぐってみると、見知らぬ人がいて、話をしているうちに、新たな発想を思いついた。そんな成り立ちだと勝手に考えています。臆病者にとって、見知らぬ門をくぐるのは勇気が要ります。しかし、衝突と発酵を身体で覚え、閃く人になるためと思えば、勇気も湧くものです。

「創造力」を発揮する人には、「想像力」があった。

さて、書いてきたように、考え続けていると思いがけない結びつきから発想が生まれる。閃きが生まれるのは本当です。誰にでも訪れると言ったのですが、当然、訪れ易い人がいます。それは想像力がある人。一つの言葉を聞いても、想像のチカラでどこまでも広げていければ、発想は豊かになります。想像でなければ他愛もない妄想でもけっこう。

先のフリクションボールペンの例です。「犯人を取り逃がす」にしても、「犯人」＝「悪い人」＝「迷惑な人」＝「この車内にもたくさんいる＝マナー違反が多いんだよね、満員の車内には」＝「マナーという言葉をもう一度世に問いたいなあ」と想像をつなげてきたら「書き間違いを消すのもマナーです」というキャッチフレーズに結びつくかもしれません。

「取り逃がす」＝「捕まえられない」＝「追いつけない」＝「逃げ足が速くて時間がかかる」＝「時間？」＝「時短？」ときたら「書き間違いをすぐに消せるのが時短です」というキャッチフレーズになるかもしれません。無限に続く連想ゲームですし、もう本当に勝手な妄想の世界です。

想像して想像して、発想がつながっていけば、それだけ思いつくバリエーションが増えます。すると「閃く」回数も増えるわけです。「創造力」と「想像力」は両輪で回り続けるのだというのが私の実感です。

本を読んでいても、突然連想が始まったりします。私の本はブックオフに持ち込めません。気になったページは折ってありますし、あちこちにボールペンで書き込みがしてあります。

いつも手に持っているのは、ＪＥＴＳＴＲＥＡＭの４色ボールペンにシャープペンがついているものです。本の中には、緑で線を引き、書き込みをします。黒い文字に、緑が一番なじむ気がするからです。青だと同化してしまいますし、黒はページを汚しているように見えてしまうから。２回読んで、さらに気になる個所や、新たな書き込みには赤を使います。かなり目立ちます。それをノートに移す時には青を使うのです。ノートはＫＯＫＵＹＯの５㎜方眼Ａ４サイズ。薄めの方眼用紙に、青の文字が一番しっくりくるからです。もうこれは長年の習慣。本を読む時にペンがないと落ち着きません。

「コピー100本ノック」は、パワハラか？　愛か？

若い時のコピー修業法で「コピー100本ノック」というのがありました。私が勝手に名づけました。ある大キャンペーンの仕事が入ってきました。新人コピーライターである私には「まず、コピーがないと企画出来ないからな」という先輩たちからの軽いジャブが飛んできます。これが軽いどころかボディブローのように後で効いてくることになります。「打ち合わせが始まる15時までに、コピー50本書いて会議室に貼っておくように」という指示が前日に申し渡されます。20本ほどはすぐに書けても、それからがつらい時間となります。

私はかつてマラソンを走っていたのですが、30キロを過ぎた頃から、走っているつもりでも足が前に出ない距離が始まります。それと同じで、考えても考えてもコピーは出てこない。息継ぎしながら、何とか50本書き上げて貼っておきます。40本目以降は同じような言葉の使いまわしとなっています。

先輩たちは、会議室に入ってきて…緊張の時間…なのですが、わずか3分、いえ1分でしょうか。「全部ダメだな。紙の無駄。夜7時までに、後50本書いて貼っておくように」と言い残して出ていってしまうのです。フルマラソンをやっとの思いで完走した後に、もう1レースフルマラソンが待っていたのです。

結局、お酒をしこたま飲んだ先輩たちは夜9時頃に会議室に現れ、またもや同じセリフを繰り出し、「まあ、お前も疲れただろう。飲みに行こう」と誘い出してくれるのですが、翌朝は11時までに、新たなコピーを貼り出しておかねばなりません。まだマラソンはゴール出来ないのです。

今なら許されない行為でしょうか？　私にとっては、つらかったけれど有難い体験でした。厳しいけれど、みな、前向きなエネルギーで過ごしていたからです。先輩も大変だったと思います。不器用な新人に対して、実は優しい接し方、鍛え方だったとしばらくして気がつくのです。どんな仕事であろうと、極度につらい局面はやってきます。何度もやってきます。しかし、一人前になるための道だと思えば乗り切れるでしょう。私も新人に「コピー１００本ノック」を課したことがあります。

プロは知っています。質は量に比例すると。特に新人は数を出す必要があります。数を出せることが、クリエイティブでいるための最低条件。そのうちに１００本出さなくても、ＯＫコピーが生まれてくるようになります。私が電通の入社試験を受けた時に「5円玉の使い方を20個出せ」「通勤電車の中で身体を鍛える方法を20個出せ」という設問があったことには意味があったのです。結局、このプロジェクトのメインコピーは先輩コピーライターが書きました（当たり前ですよね）。私が課された「コピー１００本ノック」は一人前になっていくための有難い修業です。古き佳き時代の話かもしれませんが、一人前になる時には、みな同じような道を経験していると思います。

さて、3分、いえ1分見ただけでコピーの善し悪しが分かるのか？　分かるのです。私も新人コピーライターの教育係をやったり、クリエイティブ・ディレクターとして部下のコピーを見てきたから言えるのですが、プロならば一目で分かります。50本のコピーをざっと3分見ただけで分かります。

もっと親切に接するとすれば、可能性がありそうなコピーを見つけて、「この部分は残し、別の言葉と組み合わせなさい」とかのアドバイスも出来ます。「考え方は合っているので、このコピーを軸にしてもっとバリエーションを出してみよう」と励ましたりもします。コミュニケーション一つで新人のやる気が違ってくる。今は、部下の育成にコミュニケーションは欠かせません。

臆病者は逃げたい。だけど逃げ切れないことも知っている。

臆病者は予定調和が大好きです。何事も想定通りに収まり、大きな波風もたたず、ことは過ぎていく。こんな安心なことはありません。しかし…「予定調和」は「クリエイティブ」ではありません。クリエイティブとは世の中に新しい石を投げるようなこと。

波紋、それも大きな波紋を起こさなければ石の意味がありません。

臆病者は「2つの違和感」を大切にします。クリエイティブの原点だからです。

一つ目の違和感は、発想し、カタチにしてプレゼンテーションする前に「何か違うんじゃないか?」「全体的には良いけれど、ちょっと説明が過ぎていて、何だかつまらない」あるいは「もっとアイディアを突き詰めれば違う世界観を提示できそうなんだけれど…きっと、まだ行き着けていない世界観がありそう…」という違和感です。

ここで「まあ、いいか。プレゼンしてみるか」「相手の反応を見てみるか?」「意外と評価してくれるかも…」とならないのが臆病者の良いところ。ただでさえ慎重ですから、気になったままではプレゼンに自信が持てないのです。気になった点をクライアントに指摘されては困るわけです。

プレゼン前になって、企画を練り直す。時には、最初から組み立て直すこともありました。私の経験でいえば、この過程を経ることでずっと素敵な案になっていくケースがほとんどです。プレゼンにも自信が持てますので、通る確率が高まります。どんな質問も想定内に収まります。この、最後のひと手間に注力できるかどうか? 最後の詰めに時間をかけられるかどうか？　それが企画＝発想の生命線ともいえるのです。

さて、臆病者が感じるもう一つの「違和感」です。世の中に展開している広告のほとんどは実は「予定調和」しています。クリエイターの力量もありますが、クリエイティブ案はクライアントの社内各署を、了承を求めて通っていく間に、波紋を起こすようなとんがりは削られていきます。異なる思惑がある異なる部署を経れば経るほど、丸い案になります。最近は「炎上」に巻き込まれることを怖れ、ますます予定調和する表現になりがちなのです。

しかし、臆病者は気づいています。「ちょっとした違和感を大事にしないと、表現はダメになる」と。「コミュニケーションがヘタってしまう」と。

広告制作者が一番眠れなくなるのは、キャンペーンが出る前夜です。あの表現を受け入れてくれるのか？　反応してくれるのか？　ネガティブな感情を沸き起こしてしまうんじゃないか？　批判がクライアントに押し寄せるんじゃないか？　怖いのです。怖いくらいでないと強いコミュニケーションにはなりません。予定調和した表現を出す前夜はぐっすり眠れます。しかし、臆病者は知っているのです。前夜に眠れないくらいの表現、コミュニケーションを出さない限り、砂漠に水を撒《ま》くことになると。

発想を促すノートの取り方がある。

私は、1冊のノートしか使いません。仕事も、自分の会社に関する業務も、プライベイトなことも1冊に書き込みます。先に書いたように、KOKUYOのA4、5㎜方眼紙のノートです。1ページ目から使い始め、各ページ冒頭には日付と案件名を入れて、どんどん使っていきます。案件によっては3行しか書いていなくて、以下は白紙の場合もあります。それでも1ページは1ページ。別の案件は次のページにします。

人によっては、几帳面に案件別にノートを用意する方もいるでしょうし、スマホを活用する方もいますが、私にはこの方法が合っています。

書き込むペンも決まっていて、４色ボールペンにシャープペンがついているもの。しょっちゅうメモを取るし、無くしたりもするので、同じペンがいつも２つ以上はカバンと胸ポケットに入っています。

私はとにかくメモを取ります。気がついたこと、相手が言ったことで、「おやっ？」と感じたこと、良いなと思った言葉はすべてメモします。お話ししている方から、「後で資料はお渡しします」と有難い申し出をいただいてもメモします。時には下手ですが絵も描きます。

時々、ノートを見直します。当然、まったく互いに関係のないページが日付順に目に飛び込んできます。それが、発想に役立ちます。先に書いたように、発想とは今まで関係がないと思われていたコトやモノを結びつけること。人間の頭は、本来そんなに器用に出来ていないので、ほっておくと狭い土俵で考えてしまいます。ノートをめくると関係のないコトやモノが強制的に結びつくのです。

基本は、青で書き込みます。黒よりも目に優しくて、読む気になるのです。気になった点や後で見直して書き込む時は緑を使います。特に注意する点は赤にします。すると、ポイントが分かって、もう一度見直す時に参考になります。きれいに書こうとはしていないので、私にしか読めない文字もあります。混沌《こんとん》としている状況からクリエイティブは生まれてくる。そんなカッコイイ台詞を言い訳に使いますが。誰かに見せるためのノートではないので、それでいいのです。

スマホのメモ機能は、備忘録としか使いません。手書きだと、好きな大きさで書き込めます。気分が出ます。それが良いのです。一律に整然と並んでいるフォント文字では、どこに私の気持ちが惹かれ、どこが大切だと感じたかが分からなくなります。気分、気持ち、感情が出るのが手書きメモの優れた点です。

美しさよりも、まず書くことが最優先。飲み会の席で出た気になる言葉は、箸袋の裏やコースターにメモしてしまいます。スタバのナプキンにも良く書き込みをします。それを後でノートに貼っていくか、書き写します。覚えておいて、後でまとめようとしても、会話はどんどん先に進んでしまうので難しいのです。

ブレストはファシリテーター次第で、有効にも無駄にもなる。

クリエイティブ・ミーティングというと、ブレスト（ブレーンストーミング）を開くことと思われます。ブレストを積極的に行っている企業も多いことでしょう。ルールがあって、誰でも自由に発言して良い、とか、前の人の発言を否定してはいけないとか。それは正しいのですが、一方で無秩序な会議になる可能性があります。

私がクリエイティブ・ディレクターとして現場を仕切る時は、目的をはっきりさせてブレストを行います。

企業や地方に呼ばれて、ワークショップ形式のブレストを行う時も目的を明確にします。初めの1時間は世の中の課題を抽出していこう。それでもまだ漠とする場合があるので、「では、最初の20分はこの地方（この企業）の課題を出しましょう。次の20分で、日本の課題を出し合いましょう。最後の20分間は、自分自身の課題を出し合いましょう」

とします。すると、参加者の意識が一つになって、活発で有効な60分となります。「自由に」と言われた瞬間に、人は不自由になります。どうしていいのか分からなくなるのです。貴重な60分の冒頭から静かな時間となってしまいます。これではもったいない。よく5、6チームに分かれてブレストを行うことがあります。全体を仕切るファシリテーターといわれる進行役がいて、各チームにもサブファシリテーターがいるとスムーズに進行し、活発で有効な時間となっていきます。弊社には、声をかければすぐに集まってくれるファシリテーターのネットワークがあり活用しています。せっかく集まっていただいた企業や地方の方々の時間を少しでも有効にしたいからです。

実は、プロのクリエイターは「一人ブレスト」をやっています。喫緊に解決しなければいけないテーマを基に、一人でやります。私の場合は、ノートに思ったことや、アイディアの断片をどんどん書き込んでいきます。大事なことは、途中で気になることがあってもPCやスマホで検索しないこと。検索すると、一気にその世界に入ってしまい、せっかくの一人ブレストの行先がズレていくからです。検索している間に、ネットサーフィンを始めて、最初に検索をかけた目的を見失う経験はみなさんも日常的にしていると思います。

電通に入社して、クリエイターとしての第一歩を歩み出したものの、なかなか一人前にもなれずに悶々《もんもん》としていた頃、ユーミンのインタビューをたまたまテレビで目にしました。荒井由実の時代で、アルバムが大ヒットしていた頃です。なぜ、それほど次々に曲が書けるのかと聞かれて「才能は母乳と同じ。出し続ければ出続けるのよ」という主旨の答えをしていました。「かっこいい！」のです。凄い説得力を感じたのです。

そうか、まずは数を出し続けないとダメなんだな。と感動した私はユーミンの曲をガンガンかけながら仕事をしていました。特に一人ブレストの時は、いつもアルバムをかけっぱなしにしていました。今でも、企業や地方に呼ばれて、参加者の方々にブレストをしていただく時はユーミンをかけっぱなしにしています。ブレストが終わっても、みなさんの頭の中にはユーミンが流れています。

臆病者は、プレゼンテーションで有利になる。

コミュニケーションというと、まずは自分が何か語るべきことを考えておいて相手にぶつける。そんなイメージがあります。矢印、つまりベクトルでいうとこちらから相手に刺さっていくイメージです。

まったく逆の経験をしたことがあります。2013年、上海から戻った私は落語にはまりました。都内に4つある寄席に通い続けました。驚いた落語家がいます。柳家喜多八。彼はさかんに「短命」という落語を演っていました。肝は、「なぜ美人の奥さんと結婚した夫が早々と死んでしまうか」をご隠居さんが説明する場面です。ところがその肝心の台詞を声に出さないのです。口パクなのです。表情と仕草だけ。私も含めて会場は大笑いしました。言わなくても台詞は勝手に想像がつくからです。

寄席通いをしていましたから、何度も喜多八の「短命」に遭遇します。そのたびに大笑いするのです。他の落語家が演じたのも経験しているので、「短命」のストーリーは頭の中に入っているし、喜多八の演じ方も知っているのに毎回笑います。想像させるチカラの凄さを目の前で体感しました。

まだ若いコピーライターだった頃、ニッカウヰスキー担当チームにいたことがあります。先輩たちが企画したスーパーニッカのCMがヒットしました。商品の売り上げにも多大な貢献をしました。キャスリーン・バトルというソプラノ歌手を起用したCMです。

テレビをつけていると、番組からCMに切り替わったとたんに音量が大きくなった気がすることがあります。実際は、決められた音量の範囲内ですので咎《とが》められることはありません。しかし15秒しかないと思うと、冒頭からアテンションを取りたくなるのがCMなのです。当然、最初から音量は許容される中でマックスに持っていきます。

しかし、キャスリーン・バトルの歌い出しの音量は意図的に極めて小さくしたのです。テレビを見ている人は、おやっ？　と思います。逆にCMに注目してくれるのです。矢印、ベクトルの例でいうと、通常テレビから私たちに向かっているはずのベクトルが逆になるのです。これが出来るとコミュニケーションは強くなります。何しろ向こうから乗り出してくれるのですから。

喜多八の「短命」もそうです。急に口パクになられて、お客様がいっせいに身を乗り出すのです。ベテランの落語家はみなさん「間」を絶妙に取ります。しかし、喜多八は際立っていました。「間」を自分の芸にしていました。前座と呼ばれる新人落語家の噺《はなし》は、憶えてきたことを一生懸命に話し、間を取る余裕もありません。ベクトルが一方的にお客様に向かってきます。面白くないし、飽きてしまいます。

もしかしたら、プレゼンテーションの場で、そんな空気をつくってしまっていないかと気になる時があります。通したいがため、理解して欲しいがために、一生懸命に話す。練習も重ねてすき間なく話す。それはどうなんだろう？

私が信頼しているアートディレクターがいます。ここぞというプレゼンの時に同行してもらいます。彼は雄弁ではありません。とつとつと考えてきたことを話します。時々、いえ、頻繁に詰まります。でも、クライアントの方々は身を乗り出して聞いてくれます。もちろん案は通ります。

臆病者は、詰まることを気にする必要はありません。考えてきたことを一生懸命に話せばビジネスの場では大丈夫。逆に、間やすき間がある方が上手くいきます。つっかえた方が良いんです。深く考えてきたことは伝わります。意識してすき間をつくれたら最高でしょうが、そんな器用なことは喜多八しかできません。

柳家喜多八師匠は2016年、66歳の若さで他界されました。「間」の面白さで、ずっと笑わせていただきたかった落語家です。

本気で打ち込むことが、クリエイティブとコミュニケーションを育む。

私が2013年から教壇に立つ上智大学では面白いことが起こります。きちんと講義に出席し、期末試験でも満点を取る学生が何人かいます。教える方にとっては嬉しい学生です。一方、私の講義では、クリエイティブな課題も出します。ポッキーの屋外広告を考えさせたり、先に挙げたように「四谷家」という架空の牛丼屋のキャッチコピーを考えさせたりします。CMや長尺の動画を見せて、自分なりの視点から解説するというレポートを何度も課します。

すると、遅刻はするし、期末試験もギリギリで通るような学生から、面白い案が出てくるのです。毎回講義中に、学生のレポートやキャッチフレーズの中から気になったものや、面白い意見を紹介しています。教室の空気が変わるくらい、多くの学生が反応する案が、なんと優等生ではないグループの学生から出てくるのです。レポートもちょっと違う視点から書いてきます。きっと、大学にも通わずに、一生懸命に余計なことをしているに違いありません。

私もそうでした。大学1年の春から、いわさきちひろという絵本作家の美術館を、ちひろさんの息子夫婦とともにつくっていました。少し時間が出来ると麻雀です。というか講義をさぼって麻雀をしていました。大学の正門の向かいに雀荘があって、どうしても正門をくぐれずに雀荘に足が向くのです。大学では占い研究会を立ち上げ、春と秋の学園祭では占い小屋を出し、手相占いで小遣いを稼いでいました。

そんなことが、すぐに役に立ったかというと、電通の入社面接で、面接官から「電通のことを占ってみてくれ」と言われ、「電通の手相が見えないので分かりません」と逃げたら、いきなり面接官が自分の手を出してきて、「僕で占ってみてよ」と言われ、金運の線が出ていたので「きっと、これから儲《もう》かる企業になるでしょう」と真顔で答え、それが良かったのか合格したことくらいです。ちなみにその方は生命線が途中で切れていて心配していました。

麻雀では徹底的に運のことを考えていました。もちろん麻雀も技術です。しかし、どうしようもないツキの流れが支配するのです。私は電通に入ってからはほとんど麻雀をやらなくなりました。小さな卓を囲んで大の大人４人がツキのヤリトリをすることが怖くなったのです。

「運とハズミとタイミング」。これは私が社会人になって言い始めた言葉です。運という大きな流れがあります。上手くいき始めると弾みが生まれるので、さらに上手くいくこともあります。タイミングを見ていないと、同じ案を持っていても通る時もあればボツになる時もあります。

電通にいると、勝負の分かれ道のような場面に遭遇することがあります。博報堂との競合プレゼンテーションに勝つか負けるかとかです。そこまで大ごとではなくても、コミュニケーション上の分かれ道に来て判断しなければいけない場面は日常的に出現します。「運とハズミとタイミング」という言葉を発明したことは、麻雀に夢中になっていて良かったと思うことです。

いわさきちひろ絵本美術館の創設メンバーであったことで、その後、思いがけなく人脈が広がりました。仕事をしていく上で、大いに助けてもらいました。美術館をつくる仕事は多岐にわたります。東京都には何度も申請書類を持って足を運びましたし、マスコミ対応もあります。国内外の絵本作家の原画を見られたことも財産です。一つひとつが、その後に活きてくることになります。

まさにスティーブ・ジョブズが語る「Connecting the dots」です。2005年、スタンフォード大学での有名なスピーチは、動画で何度も繰り返し見ています。「大学にいた当時、将来を見据えて点と点を結びつけることは不可能でした。しかし十年後に振り返ってみると、点と点が結びついたことがはっきりとわかりました。点が将来何らかの形で結びつくと信じなくてはいけません。信じるものを持たなくてはいけません。」（『スティーブ・ジョブズ名語録』桑原晃弥／ＰＨＰ文庫）

信じるものとは、本気で打ち込んだものだと解釈しています。余計なことでも無駄と見えることでも、本気で取り組むと、どこかでつながります。コミュニケーションに間違いなく役に立ちます。クリエイティブの土壌となります。

コラム

宮沢賢治に発想の原点を見つけた

『銀河鉄道の夜』『セロ弾きのゴーシュ』『風の又三郎』『猫の事務所』『よだかの星』『水仙月の四日』『月夜のでんしんばしら』『貝の火』…、私は宮沢賢治を時々読み返します。何だかホッとするし、子供だった頃の空想する楽しさを再確認するのです。

ある時、気がつきました。「の」で結ぶことで、異なる発想の2つをつないでいたのではないか。異なる概念をぶつけることで発想し創造していたのではないか？　実際は、作品を書いてからタイトルを考えたのかもしれません。しかし、発想方法を考えている私には面白い発見でした。コピーライター視点で見ても、優れたコピーになっています。気を惹きます。『注文の多い料理店』は本当に凄い。タイトルを見ただけで読みたくなります。

スタジオジブリの映画タイトルを思い出すと、同じように「の」で結んでいるケースが多いことに気がつきます。『となりのトトロ』、『千と千尋の神隠し』、『ハウルの動く城』、『魔女の宅急便』、『風の谷のナウシカ』、『天空の城ラピュタ』、『崖の上のポニョ』、『火垂るの墓』、『紅の豚』…、『もののけ姫』には「の」がかぶっている、というのは冗談ですが。

大人向けでは『ペンギンの憂鬱』（アンドレイ・クルコフ／新潮社）が秀逸なタイトル。見た瞬間に買っていました。

どうやら「の」でつなぐと気を惹くタイトルがつくれそうです。本書は『臆病者のコミュニケーション』。気を惹かれる方が多いことを祈っています。

私は時間をつくっては大型書店をめぐります。背表紙のタイトルを読むというか、見ているだけで時間は過ぎていきます。コミュニケーションやクリエイティブのヒントを無意識にもらっているのだと思います。何しろ作家と編集者の方がさんざん考えたタイトルを一気に見られるのですから、これほど贅沢な時間はありません。

第5章

ブランディングは、コミュニケーションとクリエイティブの総合力。

量販店に行ったら、一番安いビールを箱買いするのは当たり前。

今、アルコール飲料でいえば、ストロング系ビール、ストロング系酎ハイなど、高アルコール飲料が爆発的に増えています。1缶で十分に酔えるのでコスパが良いと受けているとか。少し前までは、ゼロ飲料ブームでした。ゼロ飲料は今も進化し続けています。糖質ゼロ、プリン体ゼロ、合成着色料ゼロ、アルコール度数もゼロ…。いったい何がゼロなのか分からない状況です。ゼロといえば、エステサロンも英会話も入会金ゼロ円。金利ゼロを謳《うた》うローンの広告も電車の中で目立ちます。もはや「ゼロ」では、人の心に残りません。

コモディティ化が急速に進んでいます。コモディティ化とは、新登場時には、ユニークな特徴を持っていた商品が、急激に類似商品が現れて、一般的な商品になってしまうこと。

かつて、アイフォンが登場した時は、世界中が驚愕しました。指でスクロールできる携帯電話なんてあるのか？　あんなに画質が良い写真が電話で撮れるのか？　それが、今や、世界中がスマホになっています。スマホはコモディティ化しています。薄型テレビは、薄さ（厚さ）４センチでも５センチでも、消費者は気にしません。コモディティ化の良い例です。

カカオのチョコが流行れば、似た商品が並び、ファストファッションと呼ばれる安価なアパレルは選択肢が増え続けています。メロンパンが一気に増えたと思ったら、今は高級食パン店をあちこちの街角で見かけます。

すると何が起きるか？　生活者にとっては商品特徴を頼りに選べないのであれば、価格で選ぶしかなくなります。かくして価格競争が激化します。ストロング系アルコール飲料が欲しければ、郊外の量販店に行って、その時に一番安い商品を選ぶだけになります。ＰＣが壊れたら家電量販店に行って、その時の目玉ＰＣを買うだけ。何しろ性能に大差はないのですから。

コモディティ化の波に呑み込まれると、価格破壊が起こり、やがて消耗戦となり、商品寿命は短くなります。収益を上げ続けるには、ブランドとなって、価格に影響されない商品になるしかありません。

サービスもコモディティ化します。コンセントつきの店内テーブルは、スターバックスコーヒーだけではなく、いろいろなカフェで展開しています。クーポンも、スタンプラリー的な会員証の発行も、会員アプリも、どの店でも取り入れています。買い物をするたびに「会員証はありますか?」と聞かれるのも普通の光景。

コミュニケーションもコモディティ化します。最近のビールのCMは、どれも「泡」に焦点を当てているように見えます。タレントを起用して歌って踊るCMも大量に流されています。早口でしゃべるCMも続けて流れるので、慣れてしまいました。「ゼロ」というキーワードもコモディティ化しているのです。

企業は、個性ある新入社員を採用したいと言いながら、コモディティ化のプレッシャーをかけています。就活の季節、一斉に同じような紺か黒のスーツを身にまとった学生は、自らコモディティ化の海に飛び込んでいっているように見えます。そう仕向けているのは、社会常識という、大人社会からの同調圧力なのです。コモディティにひたっていれば、安心安全なのでしょうが、確実に一人ひとりの個性も価値も見えづらくなります。世の中、あらゆる場面でコモディティ化の波は高くなる一方なのです。

ブランドに安住の地はない。臆病者にも安住の地はない。

ブランドというと、皆さん何を思い浮かべるでしょうか？　銀座通りに並んでいる高級ブティックでしょうか？　ところが「コンビニおにぎりは、あのブランドと決めている」と日常的に使うように、高級かどうかだけで決められるものでもありません。ただし一度ブランドとなってしまえば、価格競争から抜け出すことが出来ます。コモディティ化の大波に巻き込まれることがないのは、この点が実に大きく、すべての商品やサービスはブランド化を目指すことになります。

価格競争を回避できることの他には、ロイヤル顧客といわれる、忠誠心が高いお客様がついてくれること、他社商品との比較の時間をかけずに、迷わずに選んでくれることなど良いことずくめになります。企業であれば、リクルーティングに大いに貢献してくれます。どんな学生でも名もない企業よりブランド企業を選びます。人材は最大の資産です。

一度ブランドとなってしまえば、後は楽をしていていいのか、といえば決してそうではありません。弊社は銀座にあります。よく散歩をするのですが、高級ブランドショップはもの凄い頻度で店舗のリニューアルをやっています。ディスプレイにもお金をかけています。

広告も一流のカメラマンを使って一流モデルを起用しています。商品開発にもお金をかけています。つまりブランドになることだけではなく、ブランドであり続けるための努力を惜しまないのです。

香水の「シャネルNo5」*の動画をYouTubeで見ることが出来ます。「FOR THE FIRST TIME」をキーワードに、商品開発とプロモーション展開を紹介する動画です。

さすがに良く出来ているのですが、注目すべきは「FOR THE FIRST TIME」という精神。商品開発にも、ボトルデザインにも、広告に起用するタレントにもその精神は貫かれていきます。チャレンジし続けるから一流ブランドでいられることが伝わってきます。トップブランドほどチャレンジ精神を発揮する必要があるという迫力が伝わってきます。

＊CHANEL No5　https://www.youtube.com/watch?v=tRQa33dqyxI

ブランディングとは、「北極星」を見つけ、そこへ向かうこと。

ブランディングとは何でしょうか？「企業が目指すべき北極星を見つけること。そして、そこへ向かって活動し、社内外へ発信すること」だと私は考えています。ブランディングの仕事というとたくさんの言葉が出てきます。ビジョン、ミッション、クレド、企業理念…ブランドという言葉が入って、ブランドビジョン、ブランドプロミス、ブランドエクイティ…分かりますか？　私には分からないのです。

それぞれの言葉を細かく定義して、その定義を含めて仕事とすることは出来るでしょうが、私には出来ないのです。「企業が目指す方向は一つで良いではないか？」が本音です。細かく分けるほど、分からなくなると思っています。経営者も社員も同じ方向を向くためには、分かり易いシンプルな言葉が一つあれば十分です。

目指すべき方向は、不変で一つでありたい。それで「北極星」と呼びます。旅人は北極星を頼りに旅を続けます。弊社が依頼されるブランディングの仕事は「北極星プロジェクト」と呼ぶことにしています。北極星が決まると楽になります。その星に向かえば良いので、やるべき事業が見えてきます。逆に止めた方が良い事業も明らかになります。

社内を巻き込みますので、社員が活動するベクトルが一つになります。ベクトルはバラバラな方向に向くよりも、一つに向けば強くなります。新商品開発にも使えますし、社内の人事評価にもモノサシを提供することになります。

「ブランディングとは、わが社はこういう会社です、と旗を立てること」と説明することもあります。これも分かり易いのですが、「北極星」とすると顔が上を向きます。上を向くと目指している感じが強くなります。それに北極星があると、いつも自分の企業を俯瞰して見るクセもつきます。

弊社はブランドア株式会社です。ブランドアとはブランドのドアのこと。ブランディングを目指す企業の方々にドアをたたいていただきたくてこの名前にしました。ブランディングの根本からお手伝いしているのですが、最初のブランディングが終わっても、不断にブランドを維持する施策のお手伝いもしています。ブランドこそが、社内へ向けての啓蒙活動と社外へ向けての優良な発信、そして具体的な行動を続けなければいけない宿命を負っています。

次から、具体的にお話しします。

ブランディングも、まず聞くことから始まる。

神戸市に本拠地を置くアーリアグループという行政書士法人があります。正社員約100名、パートさんたちを加えると従業員280人。クルマの登録代行に特化した行政書士グループです。創業70年をまもなく迎えるので、きちんとブランディングしたいというお話をいただきました。

まずは、ヒアリングです。「聞く」はコミュニケーションの第一歩です。代表をはじめとする経営の方々、中堅若手社員、2日間かけて10名の方からお話を伺いました。夜、一杯飲みながら幹部社員の会合にも参加しました。とにかく聞き出します。現状の良いところ、問題だと思う点、社風、将来の見通し…有難かったのは、みなさん本音でお話ししてくれたこと。お一人ずつノートの見開きにぎっしりのメモが取れましたし、何よりも皮膚感覚で社員の方と接することができたことが参考になります。実際の空気感は会って話さないと分からないのです。机上でブランディングは出来ません。

ヒアリングの結果を持って代表とお話をして危機感が共有されました。退社していく社員を減らさなければいけないのです。私が関わり始めた年は、正社員の20％が退社していました。これはもの凄いダメージになります。

退社理由の大きな部分を占めるのが労働時間の偏りです。クルマの登録代行業ですから主としてディーラーからの発注に応えます。ディーラーは月間の登録台数を増やすため、どうしても月末にまとめて登録しようとします。すると登録代行業には月末に仕事が集中します。年間でいうと年度末の3月に集中することになります。

月初には、比較的余裕がある時もあるのですが、人はどうしても負荷が記憶に残ります。私のメモには、「同期が次々に辞めていって寂しい」とか「忙しい部署を助けたいけれど、どうも上手くいかない」といったネガな言葉が並びました。それでも、みなさん何とかしたいのです。

まず、一人ひとりの社員の幸せのために、ブランディングしていく必要があります。きずなをしっかり結ばなければいけません。アーリアグループは創業以来、「きずな」

という言葉を大切にしています。社員が幸せであれば、仕事も進み、お客様にも喜ばれます。結果収益が増します。

ブランディングは、社内を一つにまとめるために行う。

コミュニケーションという視点から見れば、社内コミュニケーションが十分とはいえませんでした。代表の声をまず聞いてから動く。指示待ち族が多くては、社内に活気は生まれません。第2の創業を目指して、ブランディングをきっかけに社内コミュニケーションの活性化も図ることを代表とお約束しておきました。

弊社のブランディングでは、まず、「北極星」に当たる言葉を提示します。次に、そのフレーズの下での宣言フレーズをつけます。宣言文ですので、ステートメントと言っています。この企業の場合、キーワードは「時間」でした。

時間は人を痛めます。24時間平等にあるはずなのに、平等ではないのです。自分の時間を過ごしていると思えれば、時間は味方です。他の人に自分の時間を使われていると思えば、時間は苦痛でしかありません。社員が精神的に苦しんでいる企業では、社員は自分の時間を誰かに奪われていると感じているはずです。

一方で、この企業はディーラーの時間を肩代わりしています。登録作業を代行することで、ディーラーは他の業務に時間を使えることになるからです。時間をつくってあげているのです。

そこで「北極星」として提示したのが「時間創造カンパニー」という言葉です。その下で163ページのようなステートメントをつけました。逆転の発想ですが、時間に苦しめられているのなら、時間を味方にしていけば良いのです。

これを全社大会で代表から発表してもらいました。なぜ、このブランディングに至ったのか、そして、これからどうすべきか、という前後50ページのパワーポイント資料で全社員にプレゼンテーションしてもらいました。

しかし、これだけでは社員は動けません。「北極星」を具体化するアクションプランをつくり、実行しなければ、良く出来た企画書で終わってしまいます。

人は具体的なことで動く。具体的なことで自分事化する。

全社大会が終わると、すぐに有志20名の社員を集めてもらいました。若手から中堅社員たち。東京など他拠点のオフィスからも集めてもらいます。

「時間創造プロジェクト」の始まりです。先の宣言を確認した後で、さらに目的を明確化しました。「時間創造」といっても、まだ多岐にわたります。事業開発もあればクライアント対応もあります。今回の「時間創造プロジェクト」は「社内の時間を豊かに過ごす」と定義しました。

社内の時間を豊かに過ごせれば、それだけで社員の幸福度は上がります。離職を防ぐことになります。何回かのワークショップを経て、いくつもの実行したいアクションプ

時間創造カンパニー

時間を活かし、人を活かす。

時間は、流れるものではない。

活かすものだ。

一日24時間。誰にでも平等にある。

しかし、活かし方は、人と組織に委ねられる。

時間を意識しよう。

時間を活かす企業になろう。時間を活かす個人になろう。

私たちは、事実、69年間にわたってお客様の時間を創ってきた。

さらに、時間を意識したビジネスを興す。

社で過ごす時間も見直す。

誰か他の人の時間を過ごすのではなく、

社員一人ひとりが、自分の時間を過ごす。

時間上手になろう。

新しいビジネスが見えてくる。

新しい働き方が見えてくる。

未来とのきずなを、時間という軸を基に創造しよう。

ランのアイディアが出てきました。実行力を持たせるために、経営幹部会へ逐次報告を入れます。全社プロジェクトである証《あかし》のためにも報告は欠かせません。私たちファシリテーターは立ち会いますし、適宜サポートはしますが、極力、経営幹部への報告やその後の質疑応答は、現場の社員の方々にお任せしました。

次第にプロジェクトメンバー間の遠慮もなくなります。約1ヵ月半毎に開催するミーティングの日以外でも連絡を取り合うようになっていました。経営層への報告も、ずいぶん慣れてきて社内コミュニケーションは活発化していきます。

アクションプランは「社内BGM導入」にまず着手。見積もりを取り、実行していきます。途中で社員アンケートも実施。選曲へのリクエストも集まるようになりました。朝、どんな曲をかけたら気持ちのいいスタートが切れるか？　ランチ後の休憩時間帯や夕刻の慌《あわ》ただしい時にふさわしい音楽は何か？　社員の声が届きます。プロジェクトメンバー以外の社員がこうして巻き込まれていきます。

次に実行できたのが「服装の自由化」。長年ディーラーへの営業を当たり前のようにスーツでこなしていた社員たちから懸念の声が出たのですが、1週間のテスト期間を取ったところなかなか社外の方にも好評。思った以上に不協和音も出ませんでした。試行しながら服装規定を固めていくことで定着が見えてきました。

「10年勤続社員の一人海外武者修行の旅」も実施できそうです。新卒でも途中入社でも、入社10年目に権利を得て、会社補助のもと任意の海外へ旅立ちます。行先は自分で選べます。ある金額までは会社負担です。飛行機はエコノミークラス使用とか、団体旅行に入ることは禁止とかの制度設計については何回もの議論がありました。ワイワイ楽しそうな議論で、次々に決まっていきます。

「評価制度の見直し」にも着手。何を基軸に評価をするか。異動希望をどう実現できるか。その2点が中心の議論となりました。人事といえば、企業の中でもセンシティブな部分です。ここまでオープンに議論出来たことで、プロジェクトメンバーは自信をつけていきました。実行に移してしまう経営幹部の器も大したものなのです。「時間創造プロジェクト」は社員だけではなく経営層の意識も変えていきます。

「オフィス環境の改善」は、みんなでせっせと働いて利益を確保してからの実行となっています。ただし担当の社員たちは3社から見積もりを取り、いつでも具体的な段階に進める準備は出来ています。

最大の本丸である「月の後半に残業が固まることの改善」については、全社プロジェクトとなり、経営幹部も交えて策をつくっています。ディーラー等クライアントの協力も必要になりますので、全社案件に格上げされて議論されています。

嬉しいことも起きました。「時間創造プロジェクト」が動いていることを知った、メンバー以外の社員から提案が上がってきたのです。「会社公認のクラブ活動」というもの。プロジェクトメンバーで大まかな規則を決め、経営陣と交渉。すぐに動き出すことになりました。会社からの若干の支援を受けるカタチでクラブ活動が始まっています。

「時間創造プロジェクト第1期、社内の時間を豊かにする」はこうして進んでいきました。今、第2期が始まったところ。新しいプロジェクトメンバーが参加しています。進め方を企業が身につけてくれたので、私の役目は終了です。

初めは、司会進行であるファシリテーターに頼っていたプロジェクトメンバーもやがて自走を始めます。上司を積極的に巻き込むようになります。社内へも説明する必要があります。冷ややかに見ている社員も味方にせねばなりません。パートさんなど立場の違う方への配慮も大事になります。

分からないことがあれば、調べるだけではなく、先行する企業に聞きに行くことにもなります。知見が広がると同時に人脈が広がっていきます。プロジェクトメンバー同士の意見の対立もあったでしょう。葛藤《かっとう》もあったでしょう。

すべてはコミュニケーションです。コミュニケーション力が1年半の間にとても上がりました。発想し、実現していく経験はかけがえのないものになります。自信にもなるでしょう。周りの顔をうかがっていた臆病者の集団はたくましい企業人となりました。嬉しいことに離職者がほぼゼロになってきました。

大事なことは、ブランディングを絵に描いた餅にしないこと。北極星の下でアクションプランを発案し、アイディアは実現させていきます。具体化され、実現されて初めて、ブランディングは意味を持ちます。

ここまで読んでいただいてお分かりのように、ブランディングはコミュニケーションとクリエイティブの総合力なのです。

ＡＩにとって代わられないために。

人材も、コモディティ化します。一度ブランド人材になってしまったら、後は維持するだけ。そんな感覚の方は一流になれないのです。ＮＨＫの「プロフェッショナル〜仕事の流儀」を見ていても、どんな仕事に就いていても、みなから一目置かれるブランド化した方々は、もの凄い努力でその立場を維持しています。さらに先を見据えているのも分かります。

ＡＩの発達が人から職業を奪うといわれますが、ＡＩにとって代わられる職業こそがコモディティ化している職業や職場。そこを離れて、人でしかできない職に移っていくのは自然な流れです。それこそが働き方改革。いろいろな資料を見ても、ＡＩにとって代わられない仕事は、人が人として考える。そして伝える仕事です。まさに本書をお読みの方々はコモディティ化しないで重用されます。

築地朝塾という社会人の勉強会の立ち上げメンバーになっていました。２０１５年から19年まで4年間続け、政界、財界、文化界…それぞれの世界の一流の方々に講師をお願いし、延べ約90名の方にご登壇いただきました。残念ながら今は休止中です。

会場で若き社会人の塾生を前にすると、ご自身たちの若い頃の話をしてくれる講師も大勢いました。共通するのは「志」です。みなさん社会人になった時から、何らかの「志」を持っていました。

今は社長を務めている方も、出世を目指して到達したということではありません。成すべき使命をその都度社内で見つけながら働き、気がついたら社長に就任していたという感じです。当然社長は到達点ではなく、社長として成すべき次を見据えています。

築地朝塾の講師も担い、なおかつ顧問として尽力していただいたのが、外交評論家の岡本行夫さんです。岡本さんが朝塾パーティのスピーチで素敵なキーワードを教えてくれました。「プロアクティブに活動せよ」という言葉です。「リアクティブに反応するのが仕事だと勘違いしていないか、もっと能動的に活動せよ」ということです。

広告作成は、つねにリアクティブです。クライアントからの発注を受けて、こちらからクリエイティブでお返しするビジネスです。発注いただけなければ制作はありません。広告に限らずほとんどの仕事は受け身から始まるのではないでしょうか？　そんな体質に慣れていた私は大いに反省したのです。

もっとこちらから働きかけていくビジネスに出来ないだろうか？　やろうと思えばいくらでも出来ることに気づきます。問題が起きる前に手を打っておく。自主的に提案を持っていく。案は出来たけれど、もうひと手間かけて素敵な付録を足しておく。プロアクティブを意識すると前向きになります。

今、認知症予防プロジェクトのブランディングをやっています。認知症のために立ち上がったベンチャー企業があります。社長も役員も60代が中心。「じじいベンチャー」と代表は笑います。私は全力で応援しています。素敵な「志」を持った「じじいベンチャー」なのですから、もう協力するしかありません。

「じじいベンチャー」のたくましき60代に会うたびに、「志」の大切さを感じるのです。プロアクティブがかけるドライブの素敵さを感じるのです。

ＮＨＫの「プロフェッショナル～仕事の流儀」に取り上げられなくても、「志」を持ったブランド人材は無名の人の中にたくさんいます。

コラム

経営不祥事とマーケティング

日本を代表する企業の不祥事が後を絶ちません。それも経営陣の不祥事。数字の改ざんという情けない姿をさらし、信用を失う企業。経営の主導権争いが表面化して、事態の悪化がニュースになってしまう企業。コンプライアンス違反を指摘され続ける企業…。

マーケティングとは「お客様をいかにつくるか」に尽きます。不祥事を起こす企業は、お客様の離反を招くだけだと気がついているのでしょうか。マーケティングの本質を分かっていないのではないでしょうか。問題を起こす企業のほとんどは、サラリーマン経営陣の企業です。ここに問題の核心があるように思えて仕方がありません。

私が、ブランディングを通じて関係させていただいている企業は、ほとんどがオーナー企業です。直接お話をする方々は創業者や、その2世の方々。みなさん自分たちで販路を開拓し、お客様と接し、お客様の拡大を、あるいはお客様の満足度向上を目指して努力してきた方ばかりです。

一方大企業はどうか？　一括採用された新人たちには、「ヨーイドン！」で出世競争が始まります。学生時代に企業面接に臨む際は、志がありました。その企業を通じてやってみたい夢がありました。面接に備えて企業理念やビジョンを読み込み、共感もしていました。しかし…いつの間にか、社内の派閥争いに巻き込まれ、社内での出世、社内での立場の維持にエネルギーが向けられます。

社の組織図を見れば、マーケティングセクションは端にあるだけ。出世競争に勝った役員室直結の経営計画室が、本来マーケティング部隊が担うべき仕事を奪っています。社内コミュニケーションに長けた人材たちが経営層に入っていきます。自分の立場を良くする、派閥のためになる。その意識が数字の改ざんなどに手を染める引き金になっているのではないでしょうか。

何度も言いますが、経営はマーケティングそのものなのです。経営はお客様をつくることです。そのことで事業は繁栄し、収益をもたらし、社員の幸せを達成できます。社内コミュニケーションも、ある程度は必要でしょうが、本来企業のエネルギーは社外に向かうべき。社外でお客様をつくることにエネルギーを使う社員を育てずに、社内遊泳術に優れた社員を重用することが、企業や組織の方向を誤らせています。

すべては経営の問題です。経営陣がビジョンを掲げ、社員を引っ張っていけるかどうか？　規模の大小は関係ありません。社内遊泳術というある一点のコミュニケーションに長けた人材を登用すれば、下の世代はそれを見て何を思うか？　あの先輩のように振る舞おうとするか、その企業に見切りをつけるか？　白けたままその企業に属していくか。3つしかありません。外に向けてエネルギーを発揮できる実力がある人材ほど、見切りをつけて抜けていきます。

私がブランディングをお手伝いしている企業は、経営理念やバリュープロミスといった、社員との約束、社外との約束の言葉を守り続けています。企業とはすべての活動がマーケティングなのです。

第6章

データの時代こそ、臆病者の時代だ。

ビッグデータの大海に入ると溺れる。データの渚で遊ぶ感覚で。

ビッグデータ、オープンデータという言葉を良く目にします。データこそが石油に変わる次の資源だともいわれます。GAFAつまり、Google、Apple、Facebook、Amazonという巨大IT企業は、データを持っているからこそ強い、といわれています。私が赴任していた中国ではBATHつまり、Baidu（百度）、Alibaba（阿里巴巴集団）、Tencent（騰訊）、Huawei（華為技術）が完全に生活の中に入り込んでいて、あらゆるデータを日々取得しています。

データサイエンティストは、就職には困らないそうです。響きも良いですし、花形の人材に見えます。ビッグデータを解析して、有効な手段を構築できるとしたら、どの社も欲しがるでしょう。AIやIoTにも精通していそうです。

たしかに、オリンピック時の公共交通機関の最適な運行スケジュールを作成する。とか、今後３年間の長期天気予報をシミュレーションするとかには有効です。人口動態調査などを参考にした大規模ショッピングモールの全国展開にも活用できそうです。自販機のデータを解析し、次の策をつくることも、大企業では始めています。

しかし、日本の企業の99・７％は中小企業です。さらに絞れば小規模事業社は85％にのぼります（「２０１９年版中小企業白書」）。果たしてビッグデータに触れたり、データサイエンティストに登場いただく機会はあるのでしょうか？　あるいは、それが有効なのでしょうか？

データさえあれば企業の課題は解決できる。地方の課題も解決できる。それは夢物語に思えます。むしろビッグデータというデータの海を前にして途方に暮れるしかないように思えます。しかもデータの海は日々広く深くなっていきます。

地方でデータマーケティングの講演を行い、その後、地元の企業の方々や行政の方々とお話しする機会があります。みなさんそれぞれに課題を抱えています。収益の確保、収益力の強化を目指すのは当然のこと。ではそこにビッグデータが関与できるか、関与した方が良いかといえば疑問を持たざるをえません。もっと身近なデータで十分というのが結論です。

私は、倉敷市を拠点とするデータマーケティング会社（一社）データクレイドルの顧問をしています。今一生懸命に取り組んでいるのは防災・減災のためのマップ制作やシステムづくり。データは欠かせません。しかしそれでも使うデータは、地域にとって皮膚感覚で掴めるデータがほとんどです。

ビッグデータはどこか他人事に感じます。もっと肌で感じられる実感に近いデータこそが大切だと信じています。実感を延長すると個人の想いに行き着きます。実は、想いこそがデータ活用の肝であるというのがこの章でお伝えしたいことなのです。

データマーケティングの出発点は仮説設定。それなら出来る。

以前の章で、マーケティングとは、お客様をつくることだとお話ししました。とすると、データマーケティングとは、「データを活用してお客様をつくること」となります。目的はあくまでも、お客様を増やし収益を上げることです。収益を上げる策をつくるために、必要であればデータを活用すれば良いだけのことです。

次ページのようなチョコレートの売り上げ推移のグラフがあります。あなたが商品Aの担当者だとしたら何を考えますか？

おそらく次の2案がまず思い浮かぶでしょう。1．売り上げを上げるためには、夏の落ち込みを少なくしたい。または、2．冬から春にかけて良く売れるので、この時期の売り上げをもっと伸ばすことで全体の収益アップを図りたい。他には、3．春と秋にトップシェアになるので、ここに注力するのもアリかもしれない。迷います。

仮に夏の売り上げを伸ばそうとします。実は商品が溶けやすくて、夏には向かない商品設計なのかもしれません。だったら、暑くても溶けにくくする改良が必要です。あるいは、商品Bが人気の若手女優を起用して、夏に大キャンペーンをやっているとしたら、どう対抗するプロモーションを設計するかを考えることになります。

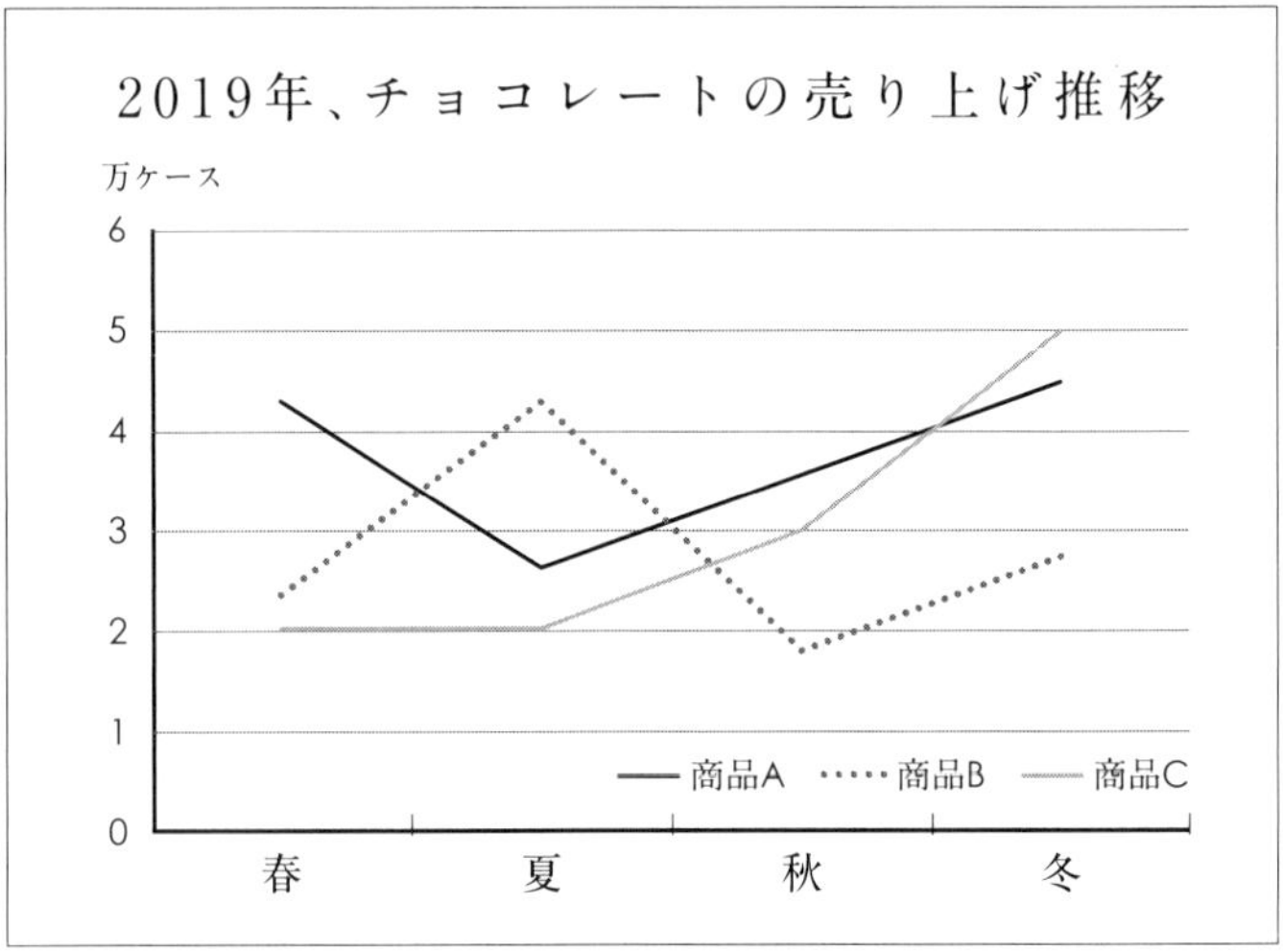

つまり、仮説をつくらない限り前へ進まないのです。仮説という起点があれば、アイディアは出てきます。やってみてどうだったかのＰＤＣＡが回ることになります。ＰＤＣＡのＰはPlan、つまり仮説・計画です。Doという実行があり、Checkという検証を経て、Actionという改善に入り、改善を基につくる次の仮説設定から、再び動いていく。ＰＤＣＡが回り続ければ効率よくマーケティングが出来る、というモデルです。ＰＤＣＡを回していくと、自社でデータを蓄えられる利点があります。

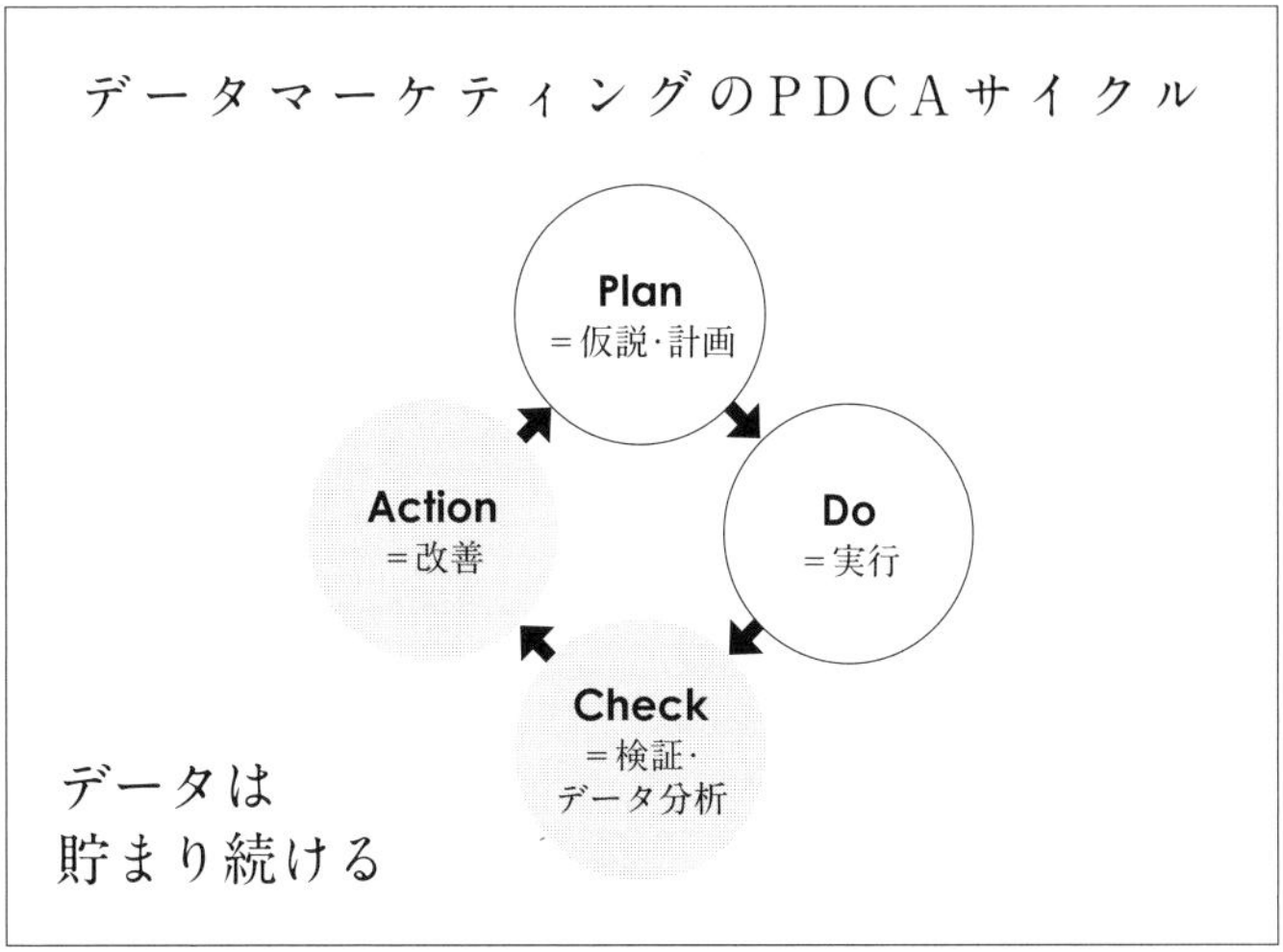

では、どうやって仮説を設定するかが問題になります。夏の売り上げを伸ばすために、暑くても溶けにくい商品に改良したら、実は、冬の売り上げが落ちるかもしれません。お客様は、独特の口どけの良さを評価していた可能性が大きいからです。もちろん、売上高のグラフ以外に、消費者調査をしたりと、補完的なデータを取った上での判断でしょう。それでも判断は迷うし、間違えることもあるのです。

「PACT for good」のお話は以前の章で申し上げました。「P」つまり「Product」そのものの問題もあるでしょう。溶けやすい、溶けにくい。硬い、柔らかい。一口サイズ、板状。パッケージも価格も見直しの対象になります。

「A」つまり、「Air」。今、チョコレートを取り巻く空気をどう読みますか？　カカオに凝った商品がうけている、甘さ控えめがうけている、一口で食べられる大きさがうけている、しかし明日は分かりません。むしろ、商品設計をいじらない方が、一貫していて良い印象を与える可能性もあります。

「C」つまり「Competitor」の動向は掴めるでしょうか？　いつどんなライバル商品が出現するのか分かりません。敵は同じチョコレート業界とは限りません。タピオカドリンクにお金を使うために、チョコレート業界全体の売り上げが落ちることだってあるでしょう。

「T」つまり「Target」の設定も重要です。商品Bが若手女優を使って広告しているのであれば、商品Aはファミリーを狙う手も考えられます。起用タレント含め、プロモーション戦略は違ってきます。

つまり分岐点は無数にあるのです。起点となる仮説がなければ、データはただの数字です。序章から申し上げているように、コミュニケーションにもクリエイティブにも正解はありません。この大原則の下では、臆病者も勇敢な人も平等です。覚悟を決めて思い切るしかありません。

仮説があると発見がある。

具体的にお話しします。倉敷のデータマーケティング会社である（一社）データクレイドルで、仮説を立てました。街角で観察すると、倉敷に観光で来ている方は、女性の団体客が多いように見えます。そこで、観光活性化のためには女性団体客向けメニューを開発するというアイディアが出ます。

ほとんどの女性のお客様はスマホを持って観光しています。そこで一応確認のために、データを取ることにしました。携帯キャリアと組んで、動態調査をかけたのです。

これは、スマホのGPS機能を使って、性年代別に、どの層がどのくらい倉敷に滞在しているかを見る調査です。もちろん個人情報守秘の範囲内の調査。

その結果、実際は中高年の男性一人客がとても多いという発見がありました。事前予想を見事に裏切られましたが、面白い発見です。女性の団体客は目立つのです。中高年の男性一人客は地味です。そこで、事前予想のような仮説を立ててしまったのです。

もう一つご紹介します。ある地方都市の例です。観光客を増やし、地元業者に潤ってもらいたいのです。何度か訪ねるうちに、その土地ならではのランチを出す店を見つけにくいことに気がつきました。朝晩の食事は宿で済ませてしまいます。そこで魅力的なランチのお店がいくつも必要ではないか？　ランチマップをつくって、お客様がお店を訪れるためのガイドがあった方が良いのではないか？　というのが仮説です。

調査をかけてデータを取りました。来訪経験層、つまり訪れたことがある方は、ランチに家族や仲間と9857円使っている一方、来訪意向層、つまり訪れてみたいと考えている方は、1万4542円使っても良いと回答しています。約5000円の乖離《かいり》があったのです。これは、せっかく使っても良いとしているのに、５０００円分ロスしていることです。もったいない。市もすぐにランチマップ作成に同意してくれました。

データマーケティングというと、データを前にするとマーケティングになる。つまり販促のアイディアが湧いてくる、と思われるのですが、実際は逆です。仮説を起点に調査した方がリアルに応用できるアイディアが湧いてくるのです。

発見があるとワクワクします。ワクワクは仕事を前に進めます。臆病者の背中を押します。

仮説は、
あなたの「想い」からしか生まれない。

先に出したチョコレートを例に取りましょう。多少溶けやすくて手が汚れても、口どけが良くて美味しいのであれば、冬に売れてくれればＯＫ。もっとこの商品の良さに気づいて欲しい。という「想い」があれば、そのためにどんなデータを取るべきかが見えてきます。

その際に、「なぜ、多少手についても口どけが良いチョコレートにしておくべきか」を掘っておくことも必要。第2章で述べたように「なぜ？」と問うことで、口どけが良いチョコレートが存在する意味がハッキリするからです。

つまり「What」という目的と「Why?」という意味づけがあれば、データを見る視点がハッキリします。余計なデータを見なくても済みます。ようやくデータマーケティングの世界が広がります。

起点は仮説、仮説はあなたの想い。とすると不安になる方が出てきます。想いは間違いを起こす可能性があるのではないか。その通りです。間違ったら修正すれば良いだけの話です。「まずは仮説設定のためにデータを集め、絶対に間違いがないように仮説を設定すべき」。そう考えていたら一生仮説にたどり着けません。

世の中に絶対はありません。世の中は不確定です。正解も一つではありません。大事なことは踏み出すこと。まず仮説という起点が無い限り始まらないのです。「What」と

「Why?」があれば想いを確たるものに出来ます。

時々、交差点のあちこちでカウンターを持った人たちが、交通状況をカウントしている姿を見かけます。彼らをリサーチャーと呼びましょう。リサーチャーは集計結果を提出して仕事は終わります。例えば、銀座4丁目5丁目の人の流れはこうしてデータとなって掴むことができます。

ここからがマーケッターの出番です。銀座通りだけではなく支線である並木通りやすずらん通りにも人の回遊を増やしたい、なぜなら支線こそ老舗ブランドも新しいブランドも混在する面白さがあり、銀座を豊かにするからだ。という想いでデータを分析し、施策を考えます。明日の銀座を提案するわけです。

しかし、賃料が高すぎて、新しいブランドは育たないで終わってしまうかもしれません。つまり、マーケッターの想いは外れる可能性があるのです。

明日のことを示す以上、批判は避けて通れません。失敗という痛い目にあう可能性もあります。リサーチャーは傷つきません。マーケッターは傷つく仕事です。

街角毎にカメラを設置すれば、人がカウントする必要もなくなります。現にデータクレイドルではそのような調査もビジネスとしています。集計もアウトプットも簡易的なＡＩで出来てしまうようになります。しかし、明日を提案するのは、あくまでも人の仕事です。あなたの仕事です。傷ついたとしても、やるべき仕事なのです。

データの時代は、感性の時代である。

データマーケティングには方法論があります。特異点から考察するということ。数字あるいはグラフで表されるデータの特異的な変化を読み、仮説を発見するという方法です。実は、実際にやってみると明白なのですが、そこから出てくる仮説は誰がやっても同じになる可能性が高いのです。つまり、仮説自体がコモディティ化するのです。理詰めで考察するとその罠が待ち受けています。

データには2つあります。定量データという数字で掴めるもの。みなさんデータというとまずこれを思い浮かべます。もう一つ定性データがあります。アンケートの最後についてくるフリーアンサーがそれです。サイト上のコメントも定性データ。さらに、自分で売り場に足を運んで観察した結果も定性データです。ヒット商品を開発する優れたマーケッターは、定性データを基に仮説を設定することが多いのです。

それは、感性と言えるもの。データという理系の塊を活用するのは感性だと信じています。左脳で掴むデータという食材を右脳が料理するのです。あるいは、右脳が食べたい料理に合わせて、左脳がデータを揃えるのです。

つまり、まず自分がワクワクする仮説を設定し、そのアイディアを補強するためにデータを集めても良いのではないかと思うのです。イノベーションはそこからしか生まれてこないのではないでしょうか。

コモディティ化を打ち破るのは、感性、想い、勘です。臆病者が苦手な領域に入ります。自分の感性や想いや勘で語ることは、かなり勇気がいるからです。殻を破らなければいけません。自分の想いで勝負する局面が必ず訪れます。

私の経験を語ります。電通に入って6年目だったでしょうか？　フロリダロケの仕事が突然舞い込んできました。グロリア・エステファンのミュージックビデオを収録し、CMにも使えるように編集する仕事です。グロリア・エステファンといえば、ラテンポップミュージックの象徴。後にグラミー賞を何度も受賞することになります。当時は夫のエミリオとともにマイアミ・サウンド・マシーンを結成していました。

直前になってディレクターである先輩が渡航できなくなり、私は年下のデザイナーを連れてフロリダへ向かいました。撮影の現場では私がクリエイティブのトップです。アメリカ人のカメラマンもグロリアも、全員が私の指示を待ちます。日本の撮影現場でも経験がありません。いつも先輩社員がいてディレクションしていましたから。

カメラマンは、いくつかの撮影アングルを示してきます。歌うグロリアをアップで撮るか、ある程度背景の街並みも入れるか？　選択肢はいくらでもあります。屋外での撮影で、しかもグロリアの撮影時間は1時間しかありません。腹を括《くく》るしかない状況に追い込まれました。

初めて会って挨拶を交わしたグロリアはとても友好的でした。大スターなのに気取ったところがありません。小柄で、チャーミングな笑顔を見せてくれました。距離を感じさせない空気を身にまとっていました。惹かれました。

その話を簡単にカメラマンに伝え、ちょっと下からのアングルでやや引き気味に撮ってもらいます。次に、正面からアップで顔だけを撮ります。力強く歌うことは本線だけれど、どこか優しい表情が欲しかったのです。歌と歌の間奏のパートで瞬間優しい顔を見せてくれました。さすがプロです。こちらの意図を瞬時に理解して表現してくれたのです。日本に戻ってからの編集では、その部分を大事に使いました。

余談ですが、グロリアはその夜、夫であるエミリオと一人息子とともに住む自宅に私たちを招待してくれたのです。ちょうどクリスマスの前々日。巨大なクリスマスツリーが飾られた豪邸でした。必死になって撮影を終わらせた私たちへの慰労だったのでしょう。

私がディレクションした動画が最高の出来だったかどうかは分かりません。しかし、あの時に自分の想いでディレクション出来たことで、自分を出すことの怖さが少し無くなりました。グロリアが一瞬見せてくれた優しい笑顔に惹かれ、それを力強さの中に表現したい、というのは本当に個人的な想いです。個人的な感性でしかありません。勘と呼ばれるかもしれません。しかし、正解がない世界では、頼りにするのはそれしかないのです。

自分の心が動いたことでしか、人の心は動かせない。

翌年にも、同じような立場に追い込まれます。今度は、あるクルマメーカーの発売前の新車を預かり、シカゴからロサンゼルスまでルート66を撮影しながら走り抜けてくるという仕事。しかも、ドラマ仕立てにするため、シカゴで急遽オーディションをして決めた、俳優の卵の男女を連れての撮影です。

今と違ってネット検索もありませんから、ルート66の情報は、シカゴで3日かけて集めて出発です。どこで撮影し、どこに泊まり、どんな男女のドラマにするかは、走りながら考えるしかありません。五感を開放して感性と勘に頼るしかありませんでした。

走っていると、ルート66は魅力に満ちていました。歳月を経て、今にも朽ちそうな看板に惹かれます。夜のモーテルのギラギラした電飾に惹かれます。地平線まで続く一本道に惹かれます。その都度、クルマを停めて撮影します。しかし、6泊でロサンゼルスに着かないと、俳優の拘束時間の問題が出てきます。契約違反を犯すわけにはいきません。ギリギリの予算で走り始めています。一応、撮影しておこう、という猶予はありません。いつ現れるかもしれない「これだ！」というシーンだけに撮影は絞らざるを得ません。

ある民家の屋根にある風見鶏の装飾がとても素敵で、どうしても撮影したくて、クルマを降りて歩いて向かいました。突然、何かに気づいた男優が慌てて私を止めたのです。その民家の窓からはライフルが覗いていました。それでも何とか交渉して、撮らせてもらいました。

自分の心が動いたことでしか、人の心を動かすことが出来ないとつくづく思います。あの時撮影したのは、すべて私の心が動いた場面でした。私の感性が、残したいといった場面でした。それが正解で、誰が見ても文句なく感動してくれる動画になっているのかは分かりません。100人が同じ体験をしたら、100通りの動画が出来上がってきます。

若くしてこんな体験が出来たことはラッキーでした。今、同じようにルート66を撮影しながら走るとしたら、事前にほとんどの情報は手に入ります。ストリートビューもありますから、撮影ポイントの見当もつきます。GPSで絶えず位置も確認できます。まず、頭の中で組み立ててしまいそうです。きっと違った映像になります。

頭の中で組み立てる動画は、左脳優位で出来そうです。しかし、理屈で人は動いてくれません。

臆病者はあらぬ心配をします。自分の主張は単なるエゴなのではないか？　私が遭遇した2つのケースは仕事です。頭の中には絶えず、このクライアントのために出来ることは何か？　という基盤があります。グロリア・エステファンのケースは、ある新発売のテレビモニターのプロモーションに活用するための動画制作です。彼女をどう撮ったら、テレビのCMとして映えるか？　テレビの画質音質の良さをアピールするためには、どんな映像を流したら効果的なのか？　という問題意識があります。

２つ目の例で出したクルマは、ほんとうにアメリカの道が似合うクルマでした。だったら、どんなシーンを見せてあげたら、日本人のお客様は関心を持ってくれるか？　一度乗ってみたいと思ってくれるか？　自分がルート66を走っている姿を想像してもらえるか？　という問題意識が根底にあります。その上での想い、感性、勘であり、主張です。

個人のエゴではないのです。そう考えると楽になります。コミュニケーションもクリエイティブも、誰かのため、何かのために行うもの。単なる自己主張とは異なります。

「カワイイ」の次に「カンセイ」が世界の言葉になった。

私は信州大学の広報アドバイザーを担っています。2019年度からは「信州のファーストペンギン」というタイトルで、信大の最先端研究者を紹介する動画の企画に関わってきました。その中に「感性工学」があります。

信大は独創性を重視する大学で「信大独創図鑑*」というスペシャルサイトの立ち上げにも協力してきましたが、実は、繊維学部という珍しい看板学部を持っています。その中で感性工学が研究されています。

感性、ですから、人の感覚を研究して製品開発に活かしています。主観、感覚、イメージを数値化します。従来でしたら、ベッドの寝心地はスプリングの強さをデータに取って、そこから設計する方法をとっていましたが、感性工学では、まず実際に人が寝てみて寝心地を測ります。研究室では、「ワクワク感を特定しよう」など、およそ理系の最先端とは思えない言葉が飛び交っています。

英語でいえば、「Kansei Engineering」。日本語そのままです。日本で始まり世界へ広まった工学。嬉しくなりませんか。感性という言葉が世界へ出ていったのです。機能や品質を高めるのは当たり前、その上でワクワク感を高めようという研究なのです。

右脳か左脳かではなく、右脳も左脳も、なのです。すべてが左脳で処理できるというのは、思い込みでしかないのです。この章のテーマに戻れば、データという左脳の塊を活かす術は私たちの感性、想い、勘といった右脳。もっと一人ひとりが右脳の価値に気づくべきなのです。

＊信大独創図鑑　https://www.shinshu-u.ac.jp/zukan/

みなさんのスマホ接触時間は一日の中でどのくらいでしょうか？　朝、スマホの目覚ましで起き、天気予報と連絡事項をチェック。素早く返信して電車に乗ればまたスマホ。ニュースをザッと見ている間に飛び込んでくるメールに返信。おっと昨日のゲームの続きもあるし…上智大学ではスマホ接触のアンケートを取るのですが、年々、スマホ依存が高まっています。お財布代わりになり、身分証代わりになる。論文もスマホで書いた方が早いという学生もいます。

私が観光ブランディングを担う魚沼市では「デジタルデトックスツアー」を始めます。宿でスマホをお預かりします。近所の好きなところに椅子をおいて、ひたすら山やせせらぎを眺める。あるいは、ブナ林を散策して静かな時間を過ごす。焚き火もいかがでしょうか。五感を開放する気持ち良さを味わっていただきたいのです。食事時もスマホをお預かりします。まず、並んだ食事を撮影してから食べ始める、そんな習慣から抜けていただきたいのです。

ファーストペンギンである信州大学の最先端の先生方にインタビューすると、みなさん口を揃えて信州を離れたくないと言います。山を見て、緑を見て、研究室にこもるバランスを大事にしていました。都会を離れられない私たちこそ意識してデジタルから離れ、五感と対話する時間を確保すべきだと感じています。

コラム

地方創生はコミュニケーション創生から

政府は、地方創生予算をつけて、地方振興の旗を振ります。インバウンド誘客にも熱心です。数年前から唱えられているのが、「体験型ツアー」。ただ名所旧跡を見て回り、お土産を買っていただくのではなく、現地ならではの体験をしてもらうことを目的とするツアーです。「コト消費」ともいわれています。私も魚沼市と組んでいくつものトライを始めているのですが、とても大切なことに気がつきました。

上海電通時代のつながりを活かして、中国人富裕層の個人客を呼び、おにぎり体験をしてもらったことがあります。大変喜ばれたのですが、おにぎりをつくることよりも、おにぎりを握るインストラクター役の地元のおばちゃんたちとの交流が、一番心に残ったとの感想を残してくれました。写真を撮りまくって発信してくれるのですが、おにぎりの写真はもちろん、おばちゃんたちとの写真がアップされていきました。

都会で忙しく働く広告業界人たちを、雪積もる冬に呼んだこともあります。マタギの宿に泊まり、クマ鍋体験をしました。クマ肉は想像以上に柔らかくて美味しくて驚いたのですが、続きがありました。現役のマタギでもある宿のご主人が、クマ猟の歴史や実際の猟のやり方を話してくれたのです。

聞いている私たちは、次々に質問を繰り出します。ご主人は、鉄砲の代わりに昔使っていた槍を取り出してきて、時にはクマの毛皮をかぶり、熱演で質問に答えてくれました。囲炉裏を囲んで、酒を酌み交わしながら夜は更けてゆきます。楽しかった記憶は、クマ鍋の美味しさではなく、マタギであるご主人との交流です。

初夏にイギリス人のインフルエンサーを魚沼に呼んで、ホタルの夜を体験してもらった時も、同じようなことが起こります。さかんに飛ぶホタルも見事なのですが、ホタル保護のために用水路を整備した話を、朴訥と一生懸命に語る民宿のご主人に心惹かれるのです。

体験型ツアーとは、コミュニケーションツアーです。思い出に残るのは、その体験を通じてのコミュニケーションなのです。とすれば、各地が早急に整備しなければいけないのは、体験そのものと同時に、伝え手の力量アップ。つまりコミュニケーション力アップになります。たまたまそこに優秀なコミュニケーションの担い手がいた、ではなく、育成していく必要があります。地方を訪れる方は、たった一度出会った方の印象で、その地方の魅力に感動もすれば失望もしてしまいます。地方創生はコミュニケーション創生からなのです。

第7章

日本と大陸、コミュニケーションは違う。

多様なタレント広告は、日本だけの進化なのか？

私が初めてカンヌ広告祭（現カンヌライオンズ）の審査員を務めたのは、たしか2000年でした。当時は、まだ分野も少なく、審査員の数も少なかったのでウエルカムパーティなどで、審査員同士が話す機会が何度もありました。

各部門の審査が進んでいる最中に、ブラジルから来たある審査員に言われたのです。「Japan is not another country.Japan is another planet」と。その年、日本からのエントリーは、ほとんど賞を獲得出来ませんでした。特に、当時メインだったＴＶＣＭ部門は壊滅的。予選の段階から落ちていきました。

それまでの数年間、カンヌ以外の国際的な広告賞でも、日本からの出品は大苦戦していました。そこで、「今までは、日本はちょっと違う広告をつくってきたけれど、いよいよ、他の惑星になってしまったね。まったく、理解できないよ」と言われたのです。

私は咄嗟《とっさ》に反論も出来ませんでした。海外の審査員だって、日本の優れた感性とかアイディアが活きている作品であれば、投票してくれます。かつては高く評価されていたのです。だからこそブラジルから来た審査員は、「残念だねえ」という感情を込めて先の発言をしてくれたのです。「理解できないよ」には「面白くないよ」というニュアンスが含まれていました。

その前から、日本ではタレント広告が異常に増えていきました。コモディティ化が進み、商品やサービス自体で差別化できないのならば、起用するタレントで差別化を図ろうというわけです。私たちクリエイターも、キャンペーンの依頼があるとまずタレント探しから入る状況でした。

コミュニケーションで、ある種の楽をしているわけです。クライアントも広告会社もタレントを使うと楽なのです。出演させ、何かを語らせれば、まず大きな間違いは起こらない広告になります。タレントに頼る前に、その広告で語るべき「What to say」を吟味し、他の広告と差別化できる「How to say」に工夫を凝らす。という本来取るべき道から逃げているのです。楽をしていては、ご褒美はいただけません。

そうして、世界の広告界から離れていきました。それも、当時は、世界第2位の広告費を使う日本が離れていったのですから、日本に期待してくれている世界の審査員は余計に腹が立っていたのでしょう。ちなみに審査員の多くは、欧米系の広告会社の第一線のクリエイティブ・ディレクターたちです。私に「another planet」と言い放った審査員も、当時はブラジル代表で来ていましたが、アメリカやヨーロッパ、オセアニアに数多くの拠点を持つ広告会社に所属していて、ブラジルの前はメルボルンやロンドンで仕事をしていたと言っていました。

文化の共通理解に甘えられる、日本のコミュニケーション。

タレント広告を海外の広告コンクールに持ち込んでも、まず評価されません。「あれ誰?」で終わってしまいます。実はそれ以前に日本のコミュニケーションは構造的な問題を抱えています。日本は大変「ハイコンテクストな社会」であり、そこで培われたコミュニケーションであるところ。

ハイコンテクストな社会とは、極めて文化的な共通理解の層が厚いということ。「桃太郎」といえば、ほぼすべての日本人は同じイメージを思い浮かべます。「お墓参りに行くなら菊の花を供えよう」というのも同じ。お墓参りの花とすれば、思い浮かべるイメージは共通です。もっと抽象的な「夕方の音」といえば、小学校から流れる下校を促す音楽を思い浮かべたりします。つまり共通理解、共通イメージの層が厚いのです。

ところが、一歩この島国を出ると状況は一変します。大陸には、様々な民族が住み、それぞれの文化を持ち、異なる宗教観や家族意識の下で暮らしています。しかも国境を接して、絶えず刺激が加えられる。歴史的に見れば、国境線は動いています。多民族が一緒に住みます。アメリカのように多民族国家だからエネルギーが大きな国家も存在します。常に国境線が動いてきた国々や、一つの国であっても、いくつもの民族が興隆交代し、つねに入り混じっている国もあります。共通の文化的な背景の層が厚くなりません。つまり、日本以外はほとんどがローコンテクストの世界なのです。

コミュニケーションにも多大な影響を与えます。ローコンテクストの世界では、なるべく「What to say」をシンプルにして、繰り返し伝えないと伝わらないのです。つまり「What to say」を決めたら、徹底的に伝える。そのことで「How to say」が鍛えられます。ただ繰り返しても広告としては退屈なだけなので、工夫せざるを得ないのです。広告は、説明と表現のビジネスです。上手い表現にくるんで説明する必要性が高まります。伝え方の工夫にも全力を注ぎます。ストーリー性があるCMが生まれてきます。それも分かり易いストーリーですので、言葉が少々理解できなくても伝わるのです。国境を超えるコミュニケーションが出来上がります。

ハイコンテクストな日本でタレント広告を出していれば楽なのです。ここ数年、一つの広告に複数のタレントが出演するケースが続出しています。かつては、一つの商品を背負うタレントは一人でした。それでは、もはや注目を集めないから複数タレントの起用に走る。そんな面を強く感じています。何だか、タレントを起用して歌って踊って、というCMが多くなったと思いませんか？　歌って踊ると、耳からもメロディーに乗せてメッセージを伝えられるので楽なのです。

「そこまで言っちゃあおしまいよ」ではなく「そこまで言ってくれないと」。

日本もすでにローコンテクスト社会になっていると思った方が良いのではないか。最近特にそう感じます。ＡＫＢ48にしても乃木坂46にしても、みな同じ顔に見える私と若者のコミュニケーションにはギャップがあります。文化的な土壌の共通層が薄くなっています。ＳＮＳを中心にどんどん新しい言葉が流通したりもします。新聞を読み、テレビを見て育った世代と、スマホ接触時間が異常に長い世代では話が合わなくなっています。「言ったつもり」と「分かったつもり」が蔓延《まんえん》しているのではないか？　友人同士ならばまだＯＫでもビジネスの場面では困ります。ビジネスは意図と意図の応酬です。お互いの意図をきちんと掴んでいないと無駄な打ち合わせ時間となります。実りのあるビジネスのためには極めて明快なコミュニケーションが求められます。お互いに相手の意図を理解することを面倒くさがっていては必ず困難な状況に陥ります。「分かってるだろ！」で済ます上司の下では部下は戸惑うだけですし、なまじ分かったふりで仕事をされると墓穴が待っています。

ビジネスシーンでは、説明責任、説明能力は不可欠です。ますます大事になります、なにしろローコンテクストに向かうのは必然なのですから。そのためには第1章でお話ししてきたように、伝えたい「What to say」は何なのか？　そしてどう伝えたら誤解なく分かってくれるのか？　という「How to say」が大事なのです。コミュニケーションの大原則を確認する必要性がますます高まっています。そこに、ではなぜ、これを伝えるのか？　という「Why?」を勘案しておけば大丈夫。

時代劇には「よい、みなまで言うな」「そなたの胸の内は分かっておる」という台詞が出てきます。相手の胸の内を分かっているというのは一見カッコイイ。そこまで察する関係は素敵。とも思ってしまうのですが、これからはそうはいきません。「で、それって、こういう意味でしょうか？」と確認してから前に進みたいものです。

「秘すれば花なり」という世阿弥の言葉も有名です。「秘せずは花なるべからず」と続きます。秘しているからこそ花だ。というのは日本人の心根に合っていたような気がします。そんなに大仰《おおぎょう》に自己主張すると下品だ、という精神構造にも通じています。私も、臆病者も秘めたくなります。しかし、秘めていては何もコミュニケーション出来ないのです。

「忖度《そんたく》」という言葉が国会審議に出てくるようになりました。ハッキリとは言葉に出して指示しない上司（この場合は国会議員ですが）の胸の内を思って行動する役人という構図から生まれてきた言葉です。

忖度が成立するのは極めてハイコンテクストな世界だから。もう、こうはいかなくなります。長老国会議員が、いくら忖度させようとしても、年少の役人は理解できない可能性が高まるのです。忖度はモラルの問題でもありますが、コミュニケーションギャップのために撲滅できるのであれば、それはそれで良いのではないかと思えます。

事実、大陸のコミュニケーションはしつこかった。

上海電通では、日系の大事なクライアントをいくつも抱えています。ある洗剤のCMを制作することになりました。私がもっとも信頼している中国人のクリエイティブ・ディレクターが率いるチームに任せました。プレゼンまで1ヵ月。「What to say」は、商品特徴が優れていたためすぐに決まり、クライアントと合意が出来ています。

問題は「How to say」をどうするか? 実は以前からの契約があり、ある女優を起用することが決まっています。彼女をどう使うかを含め、「How to say」をめぐっていくつもの案が出てきます。基本的には中国人スタッフに任せているのですが、最終チェックは私の責任です。

彼らが一番に押してきたのは、忍者に扮した敵方と、この洗剤を使う女優が、屋根の上で洗濯合戦をするというもの。戦いの後で商品特徴が繰り返されます。ひっくり返りました。私の頭の中では、あの真面目で有名な日本のクライアントにどう説明したら良いかで一杯になります。大事な商品の勝負をかけたプロモーションなので、日本の本社も気にしているのです。私は案の説明のために帰国することまで想定しています。

その場で私が「いいね」を言わないので、中国人スタッフは手を替え品を替え説得してきます。

確かに一つのことを徹底的に伝える。誰もが分かるストーリーに載せて印象に残すという大陸のコミュニケーション手法そのものです。しかし、なぜ忍者なんだ？　なぜ屋根の上で洗濯合戦をしなきゃいけないんだ？　しかもあの大女優まで屋根の上で大立ちまわりです。何度聞いても「今、中国では忍者がブームだから大丈夫、行ける！」とスタッフたちも譲りません。

プレゼンには5案持ち込むことにし、もう少し穏やかだったり、大人のストーリーに仕立てた案を入れておきました。

ところが、中国人スタッフたちが一押しにした案が通るのです。実は彼らもしたたかです。上海電通の中国人スタッフたちは、クライアントの中国人幹部たちに、忍者案で決めるように根回ししていたのです。そんなこととは知らなかったのは、クライアントと電通の日本人責任者だけでした。

結局、その企画はほぼそのまま採用され、オンエアされました。忍者と大女優の掛け合いで訴える商品特徴が耳に残ります。これが当たりました。その洗剤のシェアはアップします。13億人のマーケットです。シェアが動くのは大変なことです。

その上、「金投賞」という、広告効果で決める広告賞の金賞を受賞するのです。その年で一番効果があったプロモーションであると証明されたことになります。

いい勉強になりました。大陸で通用する、つまり大陸で効果を発揮するクリエイティブとはどんなことなのかを肌で知った瞬間でした。それ以前に私が陣頭指揮をとって作成したCMは何本もあります。日本の影響を受けていますので、どこか品があって、出来上がりにも神経が行き届いています。中国で広告賞も受賞しています。しかし、効果を発揮していたかというと疑問が残ります。

しつこいくらいに一つのことを訴える。誰もが誤解しないで受け止めるストーリーをつくる。その上で、今という時代の空気を読んで流行りの要素を入れ込む。頭では分かっていても、実体験するまでは分からないものです。

ストーリーＣＭの原点は、子供向けのお話にある。

私の卒業論文はイギリスの児童文学でした。その視点から見ると、海外特にイギリスやアメリカの優れたストーリーＣＭは、子供のお話を下敷きにしているケースが多々あるのです。

イギリスの「The Guardian」という新聞の傑作ＣＭは「３匹の子豚」をモチーフにしていました。３匹の子豚が実は詐欺師だったというお話。タイムマシンなどのＳＦもの、クマやネコが人のように動き出すもの。いずれも製作費をかけて、本格的につくるのです。もちろん広告の対象は大人ですから、十分に鑑賞にたえる出来栄えです。そう、子供時代に聞かされたお話や夢見たことを、本気になってつくるのです。

The Crossroad of Innovation

2020
JCI WORLD CONGRESS
YOKOHAMA /Japan

映画でもそうですが、イギリスやアメリカは、子供向けの映像を恐るべきエネルギーをかけて制作します。だから世界中の大人が夢中になってしまう。日本は、今そのエネルギーはアニメの世界に向かっているのでしょう。

本書のテーマであるコミュニケーションやクリエイティブを考える上でも、子供時代に共通で読み聞かせられたこと、あるいは夢だったことを下敷きにすると、強いものが出来上がると思えます。しかも国境を超えられる可能性が出てきます。

２０２０年11月、横浜で国際青年会議所のＪＣＩ世界会議が開催されます。横浜への大会誘致活動の段階から、私は顧問として横浜青年会議所（横浜Ｊ

C）に関わってきました。横浜JCのブランディングです。誘致を無事に決めた後でも、世界各地の青年会議所に参加を呼びかけ、一人でも多くの参加者を得るために活動は続いています。

そのためにはシンボルとなる言葉とマークが必要になります。「The Crossroad of Innovation」がテーマワード。マークは「The Four-Wings Seagull」に決めました。世界にアピールするに当たり、必要なのはストーリーです。誰もが分かるお話をつくりました。

「横浜に1羽のカモメがいました。世界の様子を見ようと飛んでいきます。貧困や環境破壊などたくさんの課題があることを目にします。しかし、1羽のチカラでは解決することは出来ません。世界を飛ぶうちに、仲間のカモメと出会います。チカラを合わせれば解決のアイディアが浮かびます、実際の行動にもつながります。こうして合体した4つの翼を持つカモメが世界を変えていきます。前の翼は発想力、後ろの翼は行動力の象徴。4つの翼を広げて飛ぶ姿は、チカラを掛け合わせるクロスの象徴となります。世界をより良い方向に変えていく4つの翼のカモメ。世界を良くするイノベーションがクロスする横浜。ぜひ集まって、仲間になってください」というもの。

4つの翼のカモメを主人公にして、メッセージを伝える動画を制作しました。世界各都市の青年会議所で上映され、参加者を増やしています。子供でも分かるストーリーをプロのアニメ制作会社が一生懸命につくってくれました。

BGMは私の強い意向で、「Someday My Prince Will Come ―いつか王子様が」が流れます。ディズニー映画『白雪姫』の挿入歌として有名。その後、たくさんのカバーも出ています。誰もが聞いたことがある懐かしい楽曲、子供時代に見た映画の楽曲。ローコンテクスト社会である世界の人にアピールし、子供時代の意識に触れ合うことを意図して制作したものです。

日本の大学生は、案外大丈夫かもしれない。

上海電通時代は、よく北京に出向きました。中国広告協会が北京にあるのです。協会の中に広告審査部があり、オンエア前にまず審査を受ける必要があります。審査に通らないと企画の変更や編集をやり直して、もう一度審査を受けないとオンエア出来ません。あくまでも人が審査するので、当然人間関係を築いておいた方が有利なのです。

私は何度も彼らと白酒（バイジョウ）を酌み交わし仲良くなっていましたので、訪ねた夜は当然宴席となります。

新人で広告審査部に配属されてきたのは、北京大学の法学部を卒業した男性２人。エリート中のエリートです。彼らと何杯か酌み交わした後で聞いたのです。「ところで、一日に何時間勉強したの？」と。咄嗟に何を聞かれたのか分からなかったらしく「それは大学生の時ですか、小学生の頃からの話でしょうか？」と聞き返されたのです。

今度はこちらが面食らいました。「じゃ、まあ、大学生の時は…？」。聞くと驚きました。彼らは大学時代、一日に10時間勉強していました。当然、名門北京大学に入るために、小学生の頃からずっと勉強し続けているのです。ああ、これでは日本の大学生はかなうわけがない。大学に入ったら少しは遊べばいいのに、10時間の勉強かあ。と感動した記憶があります。

上海では復旦大学で教える機会をいただきました。実は中国は広告学が盛んです。上海の東大といわれる復旦大学にも、立派な広告学の教授がいました。その方に誘われて3回連続の講義を行ったのです。30人ほどの学生を6人ずつ5つのチームに分けて、ワークショップ形式の講義をやり、最終日は課題解決のクリエイティブ案をつくってもらい、それをプレゼンテーションしてもらいました。

大いに期待していたのです。優秀さと勤勉さは保証つきの学生たちです。しかも広告学専攻です。

発表が進むにつれて、期待が大きかった分、失望が大きくなりました。まったく面白くないのです。誰からも文句が出ない当たり障りのない案が並びます。正しいけれど、突破力がどこにもない。唯一面白かったのは、6人中4名が日本と韓国からの留学生で構成されたチームの案だったのです。

なぜ、この混合チームから素敵な案が出てきたのか。考えたのは、多様性でした。中国、日本、韓国と３ヵ国の学生の混合チームが面白い発表をしてくれた。過程でどんなことが話し合われたのかとても興味があります。３ヵ国の学生が留学先である上海のキャンパスで中国語で話し合い、一つのクリエイティブをつくりプレゼンテーションというコミュニケーションを成功させた。何だか嬉しくなったことを覚えています。

一方で、上海最優秀である復旦大学の中国人チームの案が面白くなかったのはなぜなのかも考えました。中国は詰め込み教育といわれます。とにかく一つの正解に早くたどり着こうとします。その能力が優秀の根拠になっています。しかし、正解がないというか、正解を一つに絞れないクリエイティブやコミュニケーションの世界では弱さを露呈してしまうのではないか。そんな結論を自分の中で出すしかありませんでした。

大学に入ったら、ふらふらと余計なことをしてしまう日本の大学生。その余計な時間と余計なことにもどうやら意味がありそうです。どうぞ全力で余計なことに励んでください。

人がクリエイティブになるには、余計なことが必要です。それはきっとコミュニケーションにも豊かさを持たらします。

リベラルアーツ、特に哲学が必要になる。

社会に出て、リベラルアーツの大事さを痛感します。もっともっと一般教養を深めておけば良かったと感じています。古典を読み歴史を語り、世界地図を広げ、経済の基本を学ぶ。生物も地学もアートも、国語力も必要です。学問とも実学ともつかない中途半端な専門課程ではなく、一般教養を深めた学生は社会人になっても大丈夫です。

経営者は歴史ものが大好きです。それは決して過去を面白がっているからではありません。明日の経営判断のために歴史書を読んでいます。ギリシャ・ローマ時代でも戦国時代でも明治時代でも、学ぶべき示唆を先人たちは示してくれます。

リベラルアーツとは知識と好奇心ではないでしょうか？　知っていると、もっと知りたくなるのです。出張のついでに、歴史書で読んだ古城に立ち寄ってみる。地方の美術館で、知識だけだった名画の実際を見てみる。こんな体験はさらに好奇心を呼び起こします。結果、コミュニケーションとクリエイティブを大いに育むことになります。

どんな商品もサービスも、「なぜ存在するのか？」を突き詰めていけば、企業も、「なぜ、この企業は存在するのか？」を突き詰めていけば、働く人も、「なぜ、働くのか？」を突き詰めていけば、すべては「幸せ」というキーワードに行き着きます。だとしたら全員が哲学を学ぶべきです。

私は文学部英文科でしたが、哲学科は人気がありませんでした。英文科も他人のことは言えないのですが、哲学は何だか無駄な学問に聞こえます。社会に出て、何の役に立つんだ？　と言われそうです。しかし、哲学こそが、実は人や社会の足腰になっているような気がします。今こそ経営者も政治家も哲学して欲しいのです。

クリエイティブは、異なるモノとモノ、コトとコトの衝突から生まれてきます。社会が必要とするイノベーションは、その衝突からしか生まれません。リベラルアーツや学問と学問をまたぐ学際はその豊かな土壌となります。

コラム

上海に住めば、ローマまで歩いて行ける

2008年6月、私は上海電通に赴任しました。電通で現役のクリエイティブ・ディレクターが海外へ渡るのは初めてのことでした。

中国へは2006年から頻繁に出向き、実務の他に中国で開催される広告賞の審査員をいくつも担っていました。とりわけ、中国元素国際広告賞という、中国的な要素を大切にした広告賞には立ち上がりから関わり、審査員として、あるいは事務方との相談係として活動してきました。

そんな縁もあり、私がいよいよ上海に住み、本格的に中国で仕事を始めるにあたり、ある大物が主催してウエルカムパーティを開いてくれたのです。その大物とは、桂林で始めた広告会社を大手にまで育てた高俊（Gao Jun）氏。中国広告界と広告協会に多大な影響力を持つ人物です。彼こそが、先に述べた中国元素広告賞を立ち上げた人物。驚くほどの中国広告界の重鎮が、上海だけではなく北京や広州等からも駆けつけてくれました。

高俊さんは、書を書かせても達人。文化人としても尊敬を集めている方です。その彼が、歓迎スピーチの中で「ようこそ上海に来てくれました。私は上海に住めばローマまで歩いて行けますね」と話してくれたのです。私は聞いた当時は真意が分からなかったのです。まあ、そうか、いつかシルクロードでも旅してみるか。と呑気に受けとめていただけでした。

その言葉の意味がようやく分かったのは1年も経ってからです。上海を拠点に広告作成をしてはいても、何かしっくりこないのです。電通本社のクリエイティブ・ディレクターとして数々の大企業を担当していたのですから、出来て当たり前、部下である中国人クリエイター達の指導が出来て当たり前。なのですが、どうも何かが違う。

ハイコンテクストの日本でのコミュニケーションに浸りきっていたのですから当然です。「そうか、大陸のコミュニケーションは違うんだ」。とようやく気がついた時に、高俊さんのあの言葉が急によみがえってきたのです。

「上海に住めば、ローマまで歩いて行ける」

上海できちんと通用する広告をつくれれば、インドでだって、ロシアでだって、その先にあるヨーロッパでだって通用する広告制作者になれる。もちろん北アメリカでも南アメリカでも通用するのです。「どこでも通用する大陸のコミュニケーション作法を身につけなさい」というアドバイスを送ってくれていたのです。

それだけ島国日本は、特別な広告コミュニケーションの進化を遂げていました。まさに「Japan is another planet」

高俊さんには、その後も頻繁に会うことになりました。その都度、文化人らしい含蓄のあるアドバイスをいただきます。今でもいつでも会いに行ける有難い方です。

コピーライターだった私の発案で、中国に「文案賞」というコピーライターを表彰する広告賞を創れたのも高俊さんのサポートのお陰です。どれだけ感謝しても足りません。

第8章

この曖昧な日本から、新たな価値をつくっていくために。

メディアは線路、コンテンツは列車。問われるべきは、乗りたい列車か？

感性、想い、勘が大事になると書いてきました。「想い」、というのは、「思い」と書くよりも深いところに根差している気がしています。ずっと大切にしてきた気持ちを表していると感じています。また、「直観」というと、瞬間的で表面的な判断に聞こえるのですが、「勘」というと、経験に根差した判断力というニュアンスを感じています。

では、その想いを載せる発信媒体であるメディアの様子を見ていきましょう。

SNSは加速度をつけて進化します。次々に新しいプラットフォーム、つまりメディアが出現します。世界のデジタルに習熟した人たちが競ってつくっていきますので、1年後の姿を想像することすら難しくなっています。

ついこの前までは、フェイスブックやツイッターを、どう広告施策に取り込むかを考えていましたが、今やTikTokだけでも広告を仕掛けられる時代になっています。

企業が自社サイトに動画を置くことは普通になっていますし、ほとんどの場合YouTubeと連動させています。私にも、「1分動画のつくり方」という講義の依頼がくるようになりました。サイトといえば、今やEコマースの時代。アマゾンや楽天への出店もありますが、理想は自社サイトで販売できること。「ブランディングからECサイトへ」のような講義の依頼にも応えています。デジタルプラットフォームの良いところは、都会、地方の別なくコンテンツを発信出来ること。

コンテンツというのは、私の本業でいえばブランドであり、広告です。写真、動画、文章、歌、ダンス、アニメ、漫画、キャラクターといったものから、商業施設、テーマパーク、イベントまでも含まれます。つまり人が生み出すもので、他の人を惹きつけるものすべてがコンテンツだと私は理解しています。

コンテンツさえ魅力的であれば、勝手に自走してくれたり、時には、爆発的に広まる可能性を秘めています。逆に、何か不都合があれば、炎上という災禍も待っています。

私は、メディアは線路、コンテンツは列車だと思っています。メディアという線路は、シリコンバレーやシブヤバレーのデジタル習熟者にお任せです。どうぞ、どんどん増やしてください。一方、大多数の私たちが担えるのはコンテンツです。

ＪＲ九州は「ななつ星」を始め、魅力的な列車を開発して大いに注目を集めています。「ななつ星」は激烈な抽選を経なければ乗れません。つまりコンテンツさえ魅力があれば、みな乗りたがるのです。喜んでお金を払ってくれるのです。

「ななつ星」開発の陣頭指揮をとったＪＲ九州の唐池会長にインタビューしたことがあります。車窓の景色も列車旅行の一部であるとの信念の下、車窓から見える耕作放棄地を買い取って農作物を植え、荒れた景色を見せない努力をしているとのお話が特に印象に残っています。車窓の景色も列車というコンテンツの一部なのです。クリエイティブとして大いに刺激を受けました。

コンテンツ作成者にとっては良い時代が来ています。競争は激しくとも、次々に出来るＳＮＳというメディアのおかげで、拡散していく可能性が増しているからです。

３つに整理すれば、メディアは分かり易くなる。

多様化、複雑化するメディアに見えますが、３つに整理しておけば掴みやすくなります。一つ目はペイドメディア（Paid Media）。お金を払ってスペースを買います。テレビ、新聞、ラジオ、雑誌などが主なもの。ここ10年以上、４マスといわれてきたこれらの広告費の減少傾向は止まりません。オールドメディアと呼ばれて過去扱いされてもいます。２０１９年、ネット広告費が、テレビ広告費をついに上回りました。

アウトオブホームメディア（ＯＯＨ）という屋外メディアもペイドメディアです。通勤通学電車の中の広告は、かつては結構見られていたのですが、どうなのでしょうか？近頃は電車に乗ってもみなさんスマホに夢中で、あまり広告は見ていないかもしれません。

次はオウンドメディア（Owned Media）。いわゆる自社メディアです。企業が開設したホームページやメルマガ、店舗そのものもメディアです。もちろん商品自体もメディアです。飲料の自販機で商品を詰め替えている人を見ると、制服や搬送するクルマまでがメディア化していることがよく分かります。自社メディアですから広告掲出費はかかりません。自社ホームページだけで展開する動画は急増しています。

最後がアーンドメディア（Earned Media）。ツイッター、フェイスブック、インスタグラムといったお馴染みのＳＮＳが含まれます。この分野の開発が激化しています。なにしろ一度社会に認められたプラットフォームになれば、巨大な集金メディアへと短期間に成長していくからです。

ペイドメディアで認知してもらい、オウンドメディアで理解を深め、アーンドメディアでファンを増やす。というのがセオリー。誰も知らない商品は、ペイドメディアのチカラでまず知ってもらわなければ始まりません。人は興味を持つと検索します。商品のことを調べようとします。自社のホームページに解説動画を置いておいて、詳しく知ってもらい、購入できる店舗情報を載せて、収益へ落としていきます。

商品を使った人は、SNS中心に感想を載せます。人はそれを見て、買いたくなったり、購入を止めたりします。評価サイトが興隆する理由がそこにあります。当然、やらせ投稿問題がついて回り、定期的にニュース化します。有名人も加担しているケースが出たり、お金次第で優良な書き込みを増やしたりと、今後もお騒がせは続くでしょう。どんな規制をつくっても限界があります。

一番効果的なアーンドメディアはテレビニュースや新聞の記事となって拡散されていくことかもしれません。オールドメディアとしてチカラを失いつつあるテレビや新聞ですが、コンテンツを発信するメディアとしてはまだまだ信用力は残っています。

「議論する」は、きっと日本に馴染む。

2017年3月、国際女性デーの前日に、ニューヨーク・ウォールストリートに一つの少女像が設置されました。「Fearless Girl」*と名づけられたその像は、ウォール街の象徴である雄牛と対峙して立っています。胸をそらし、両手を腰に当てた少女は雄弁に主張しています。

広告主はステート・ストリート・グローバル・アドバイザーズという投資会社。ウォール街に関係している企業だけではなく、全世界の企業に対し、女性取締役を増やすことを促したプロモーションです。投資会社ですから、女性取締役を増やす努力をしない会社からは投資を引き上げることも示唆しています。

瞬く間にツイッターやインスタグラムで拡散していきます。一つの少女像というコンテンツが圧倒的なチカラを持ちました。アイディアの勝利です。先に述べたように、コンテンツさえしっかりしていれば、多様化したメディアが勝手に拡散してくれるのです。

Fearless Girl ＝恐れを知らない少女は、男性社会の象徴である雄牛と対峙する。そのことの賛否が巻き起こります。そう、必ずしも肯定的な意見だけではありません。雄牛像の作者からもクレームが入ります。つまり、すさまじい勢いで議論が沸き起こったのです。新しいコミュニケーションが出現したと感じました。賛成も反対も、もちろんそれ以外の意見を含めて「議論する」というコミュニケーションです。

今までは、発信する。「いいね」をもらう。あるいは、否定的な意見に押されて撤回する。どちらかでした。「議論しよう」という姿勢は、もっと深く建設的でもあります。

＊Fearless Girl　https://www.huffingtonpost.jp/2017/06/20/canneslions-fearless-girl_n_17219320.html

ハイコンテクスト社会である日本でも「議論しよう」というコミュニケーションは増えてくると思います。日本人は、白か黒かをハッキリさせないところがあります。むしろグレーゾーンである曖昧に存在するのが好きでもあります。

私は学生時代2ヵ月でしたが、シアトルの語学学校に通いました。授業ではディベートの時間が必ずあります。苦手でした。中東やインドから来た学生は、堂々と主張します。そう、なにしろローコンテクストの文化から来ていますから。それは良いのです。

英語の勉強というのも理解しています。しかし、相手を打ち負かす、というのが馴染まないのです。ディベートはテクニックでもあります。それも馴染めないのです。

どちらが勝つか、という討論会ではなく、素直に意見をぶつけ合う議論ならば分かります。

発信すれば必ずネガティブな意見は出ます。企業は恐れずに、議論の場を提供するぐらいの器を示しても良いのではないかと思っています。グレーゾーンが好きな日本人は、実は多様に満ちた考えを持っているのではないかと信じています。それを促すスイッチと場を企業は用意して欲しい。必ず企業のブランディングにも資すると考えています。

一方で「寛容」が時代のキーワードになって欲しいのです。間違いなく日本は多様性の国になっていきます。異質な意見を排除している社会は豊かな社会とはいえません。世の中を彩るクリエイティブは、異質なもの同士の掛け算から生まれてきます。多様性こそがその土壌となります。コミュニケーションは多様化する社会の架け橋です。「寛容」であるとは、まず受け入れること。そこから話を始めたいものです。

ＳＤＧｓ、エシカルという突破口。

大きな話になったところで、真面目にＳＤＧｓとエシカルを考えてみたいのです。ＳＤＧｓはご存知のように、国連が持続可能な地球環境のために採択した17の目標です。コミュニケーションを設計する、クリエイティブを開発する。その際に大いにヒントになります。

アイディアを考えているとつい視野が狭くなります。小さくまとまっていきそうになります。そこでＳＤＧｓに照らして考えることで視界が広くなるのです。目の前の小さな課題の解決は国境を超えて普遍的なアイディアに育つ可能性を秘めています。

逆もあります。ＳＤＧｓの17項目からアイディアをもらう方法です。私が関係している横浜青年会議所（横浜ＪＣ）では、ＬＩＭＥＸという石灰岩からつくった紙を積極的に普及させています。彼らが横浜ＪＣとして使う名刺はもちろん、会員自身が属する企業でも名刺や封筒にしたり、レストランでは、メニューにも使い始めています。森林資源や水資源の節約になります。まさにＳＤＧｓの活動そのもの。これはそのままコミュニケーションとなるのです。伝えて、伝えられて嬉しいコミュニケーションとなります。

エシカルとは、直訳すれば倫理的、ということになります。「みんなが正しいと思うこと」、「良識で考えれば、そうした方が良いよね」ということを企業活動に取り入れようという姿勢です。

例えば、赤道地帯で収穫されるコーヒー豆は、かなり安価で栽培農家から仕入れていました。そのため、最終的に私たち消費者はコーヒーを楽しめています。しかし、栽培農家の家計は苦しく、子供たちは学校に行く余裕がありませんでした。「それって、おかしいよね」というのがエシカルの考えです。

子供が学校に通えるだけの経済力を農家に持ってもらうべきだし、勉強をした子供たちは、もっと意識が高くなって良質なコーヒー豆の栽培にも貢献できる。だったら、買いたたくような価格交渉をすることなく、お互いが適正と思う価格で買いつけをしようという活動が広がってきました。フェアトレードです。もちろん、私たちが楽しむコーヒーの価格にはね返ってきます。しかし、それはＯＫなのです。

あらゆる商品やサービスはコモディティ化という、似た商品が蔓延する状況から逃れられないとお話ししてきました。コモディティ化は結局、価格競争をもたらします。抜け出すにはブランドになるしかありません。

しかし、エシカルという素敵な突破口ができました。エシカルを実現しているのであれば、私たちは10円、20円、いえ50円高いコーヒーでも口にします。エシカルはコミュニケーションでもあるのです。そこには企業と生活者の意識の変化があります。

２０１３年4月、バングラデシュの首都ダッカ近郊で悲惨な事故が起こりました。8階建ての縫製工場が崩れ落ちたのです。死者は１０００人以上。一斉に踏んだミシンの振動と発電機の振動が共鳴して起きた事故といわれています。

この工場に限らず、バングラデシュでは数多くの縫製工場が、過酷な状況下に労働者をおいていたことが明るみに出ました。実は、そこで縫われていたのは、世界の人が競って買い求めるファストファッションのブランドたちでした。安く買える背景を世界が知った事件となりました。

そこから、ファッション業界もエシカルに舵を切り始めます。エシカルを積極的にコミュニケーションするアパレルブランドも出始めています。

エシカルとはコミュニケーションであり、クリエイティブのヒントとなります。そこには企業と生活者の意識の変化があります。

私が講義をしている上智大学の学生とは就職の話もします。年々、学生の意識が変化していることを実感します。「社会に貢献している企業に就職し、健全な社会の一員になっていきたい」。そんな意識を持った学生が増えています。

ちょっと前までは、そんなことを口にする学生に対しては「何を言うか。きちんと高給をもらって所得税と住民税をたくさん払いなさい。それが社会貢献の第一歩だ」と冷やかしていたのですが、最近はそうはいきません。エシカルを意識した企業には人材が集まり、さらに強い、さらにエシカルな企業へと成長する可能性が大きくなりました。

「掛け算シンキング」が有効な発想法となっている。

イノベーションが求められる時代。新しい発想法として、弊社が開発したのが「掛け算シンキング」というメソッドです。これは、「資産」と「課題」と「想い」を掛けていくこと。新規ビジネス開発でも企業や地方のブランディングでも使っています。

資産というのは、その社が持つ特徴、特技、財産です。長年にわたって培ってきた技術やノウハウ、保有している機材、本社や工場の立地も当てはまります。人も資産です。どんな特徴がある人がいるでしょうか？　地域であれば、その土地ならではの物産、農林水産物。もちろん自然環境は大切な資産。建物も施設もあるでしょう。漬物屋の名物おばちゃんも立派な資産となります。うさぎの駅長さんも資産です。

課題というのは、3つに分けます。まず、その企業や地域の課題。そして、世界的な課題。先に挙げたSDGsも参考になります。3つ目は個人的な課題です。結婚相手が見つからないなど、ごくプライベートな課題でOK。

想い、というのは、この企業、この地域をどうしていきたいか、ということ。問題意識というよりも、夢、期待、妄想でけっこうです。

今、求められるアイディアは何らかの課題解決になっていきます。それはごく個人的なことが出発点であっても、国境を超える可能性を秘めています。また、その企業、その地域ならではの資産を活かさない手はありません。長年にわたって培ってきたものですし、何よりもその企業、その地域が行う意味が強調されるからです。

さらには、想い、の重要性を認識してもらいたいのです。普段意識していなくても、その企業を志した方、その地域で活きる方には、何らかの前向きな想いがあるはずなのです。ここは夢の部分でもあるのですが、夢は明日につながる重要な要素。夢を語っているうちに、その企業や地域が、どんどん自分事化されていきます。

最後に、「資産」、「課題」、「想い」からいくつかをピックアップして掛け合わせて、アイディアへと昇華させていきます。ワークショップをやると、一つのグループ毎に3つから5つのアイディアが生まれてきます。実際に、ここから生まれたアイディアが新規事業になっていきます。ブランディングでいえば、このワークショップから、「北極星の卵」が生まれてくることになります。

先に、人が閃くとはどういうことかをご説明しました。一人の頭の中では考えもつかなかった異なる概念同士の掛け算が有効です。また、「想い」の重要性についてもお話ししてきました。「掛け算シンキング」は、その集大成です。


私は、信州大学の広報アドバイザーを担っていますが、その縁で「ポケモンＧＯ」開発の責任者である野村達雄さんと話す機会がありました。野村さんは信州大学工学部の出身です。その後、東京工業大学の大学院を経てグーグルジャパンに入社。やがてアメリカのグーグルに移り、現在はナイアンティックに在籍しています。

彼との話で興味を引かれた点がいくつもありました。子供の頃からゲームが大好きだったこと。ゲームは素敵な遊びだけれど、子供が家に引きこもったり、友達と遊ぶためのコミュニケーション能力を失っては困るという問題意識を持っていたこと。グーグルマップのチームに配属され、位置情報の知識を蓄えていたこと。そして、信州大学時代に緑に囲まれたキャンパスや山を歩きながら、ここに大好きなピカチュウが現れてくれたらなあ、と妄想を膨らませていたこと。

「資産＝グーグルマップ、ゲームの知識」。「課題＝ゲームで引きこもる子供、ゲームに夢中で友達と交流しない子供」。「想い＝今、目の前の空間にピカチュウが現れて欲しい」。そうなのです、「資産」×「課題」×「想い」＝「ポケモンＧＯ」。野村さんは、もちろん「掛け算シンキング」をご存知ないのですが、私には見事に掛け合わされた実例として強く印象に残りました。

注　「掛け算シンキング」はブランドア（株）の登録商標です。

コラム

将棋解説はコミュニケーションのお手本

私は将棋ファンです。いわゆる「見る将」と呼ばれるファンです。日曜の「ＮＨＫ杯将棋選手権」は欠かさずに見ています。贔屓の棋士が出れば応援しますが、勝負の行方は、最後にならないと分かりません。90分の大半は、解説者と司会者（美人女流棋士）の力量にかかっています。

「ＮＨＫ杯」の解説は、コミュニケーションの良い見本です。難しいことを、いかに素人相手に易しく伝えるかという良い見本です。一流の棋士同士の、勝ち負けをかけた戦い。いくらでも高度な解説は出来るでしょう。しかしそれでは、日曜の昼間、ゴロゴロ腕枕してテレビを見ている私のようなファンは寝てしまいます。

好きな解説者は、木村一基王位、藤井猛九段、先崎学九段、中村修九段。木村王位は現役のタイトル保持者です。

他の３名の棋士の方々は、ちょっと一番強い時期は過ぎた感がありますす

（ごめんなさい）。対戦棋士が指す一手を予想しようにも、時々分からなくなった感も漂います。それでも、何とか気を取り直して、解説してくれます、そのスキが何とも言えず味になります。

みなさんに共通するのは、盤面だけではなく、戦っている棋士の人柄やエピソードを話してくれること。それもある種の敬意に包んで話してくれるので、聞いていて気持ちがいいのです。将棋界の空気も伝えてくれます。俯瞰して話してくれたり、角度を変えて話してくれるのです。その余裕が何とも言えずスパイスになります。テレビで見ているこちらは、リラックスして将棋という戦いを楽しめます。

若手バリバリの棋士が解説を担うとそうはいきません。戦っている2人と一緒に次の手を探し、きっと頭の中では猛烈な勢いで駒が行き来しているのでしょう、すごい集中力で指しかけの盤を見ています。解説も「2五角、2三玉、1三香成…」と符丁で話されるともうついていけません。

タイトルを獲りまくっていた時の羽生善治九段がそうでした。すごい集中力で考え続けています。司会者が「この手の意味は…？」と恐る恐る振ると、「あっ、はい、それは…」とまた沈黙。これはこれで、司会者の困っている空気を感じて面白かったのですが、最近の羽生九段は、屈託なく良く話してくれるようになりました。

難しいことを難しく伝えるのは簡単です。難しいことを分かり易く伝えてこそコミュニケーションです。

私の大学時代の講義は、難しいことをひたすら難しく伝える教授だらけで絶望した記憶があります。中には優しいことを、わざと難しく伝える教授もいます。何なんでしょうか？

私は上智大学で講義をするにあたり、「分かってもらうにはどうしたら良いか？」という思いを常に念頭に置いています。広告会社でクリエイティブを担ってきた体験、伝えられなければお金をいただけないという体験が、そうさせているのでしょう。

さて、本当に伝わっているのか？　複雑化する世界を、分かり易く伝えているのか？　単に優しい内容を、分かり易く伝えて終わりにしてはいまいか？　そこは学生の評価に任せるしかないのですが…。

第9章

勇気を持って、発想し、伝える。自分を出す。

恩人からいただいた「三カク主義」。

マスコミ志望の大学生の勉強会を立ち上げて活動してきました。「アドリブ」という名前なのですが、業務等で私が指導出来なくなっても、その時々で中心を担うOBが立ってくれて40年続いています。卒業生は400人以上、マスコミを中心に各界で活躍してくれています。

実は、私も「山崎塾」というマスコミ志望者が集まる私塾の学生でした。毎日新聞の記者だった山崎宗次さんが立ち上げた学びの場です。

私が電通に進むことが決まった後で、山崎さんは祝宴を設けてくれました。その席で言われたのです。「藤島くん、これからは三カク主義でいきなさい。すなわち、汗カク、恥カク、手紙カク、を心得として覚えておくように」と。

「汗カク」とは、一生懸命に目の前の仕事に取り組め、という意味です。これは真面目にやればなんとかなりそうです。

「恥カク」、これが臆病者にとっては難関です。新人コピーライターとして、書いても書いても、ボツの山をつくるだけ。会議室中の壁にコピーを書いて貼っていっても、すべてボツとなり、再考を求められる。そんな毎日でした。一生懸命に考えて書いて表現するというのは、自分の大事な部分まで出ていくことになります。

人前でボツをもらうというのは、人前で素っ裸になった挙句に「お前の裸は汚いね」と言われるようなもの。ひどく傷つくのです。しかし、この体験を繰り返したことで、「恥カク」、の意味が、それこそ身体で分かりました。恥をかかなければ、一人前になれません。いえ、一人前になった後でも恥かく場面は多発します。それでも強くなるしかありません。臆病などとは言っていられません。

実は、自分の核となる部分で書けたコピーはボツになりません。自分が本気で良いと信じた広告企画は、一生懸命に聞いてもらえます。これも恥をかき続けないと分からないことでした。私なりの表現で言うと、手首だけで書いたコピーはダメです。どこか世間に合わせにいっているし、テクニックなのです。そうではなく、身体の芯からコピーを書きたいのです。企画をつくりたいのです。

本当に傷ついて、一人反省会を開くのは、「まあ、こんな企画で良いか」とか「周りが良いと言っているから、この企画でも良いんだな」と感じて提案してしまうことであり、それがプレゼンでダメ出しされたり、最悪は実現してしまった後で、何であんな企画を持っていってしまったのかと感じた時なのです。

どんな仕事でも本気は大事です。複数の仕事が同時進行することは日常です。どの仕事にもエネルギーを注ぐ。自分が納得する提案をする。「汗カク」、これも実は奥が深い言葉でした。一生懸命にやっていると錯覚することほど怖いことはありません。ビジネスの世界では、自分も納得し、相手も納得してくれて初めて一生懸命にやったといえます。

そして、「手紙カク」。私はお礼状を差し上げることと解釈しています。今は、さすがに自筆でお礼状を差し上げることは減ってしまったのですが、実践はしています。鳩居堂の便箋と封筒、伊東屋オリジナルの筆記具で書きます。切手も気になった時にシートで買ってきて置いておきます。郵便局も、素敵な切手を揃えてくれています。

今は自筆で書いて送る分は減ったのですが、せめてメールの返信は早くして、お礼を差し上げることを心掛けています。「ありがとう」を申し上げる機会は実はたくさんあるものです。それだけ、私たちは周りに助けられています。

「汗カク、恥カク、手紙カク――三カク主義」は、社会に出ていく私に贈ってくれた心得だったのですが、コミュニケーションの骨格の言葉だとも思って大切にしています。

「自分の人生だから、成功も失敗もすべて正解！」

これは小平奈緒さんの言葉です。2018年の平昌オリンピックが終わった直後に、信州大学の濱田学長との対談に出演していただきました。彼女は信州大学の卒業生です。広報アドバイザーである私が、光栄なことに司会を務めることになりました。

小平さんは天性のコピーライターではないかと思うほど、凝縮したメッセージを発してくれます。それだけ日頃から考えているのです。私のノートはメモだらけになりました。

「自分の人生だから、成功も失敗もすべて正解！」は前向きにさせてくれる言葉です。お話ししてきたように、コミュニケーションにもクリエイティブにも、ただ一つの正解はありません。100人いれば100の企画が生まれてきます。正解を求めて躊躇するよりも、正解と信じて前へ進むしかありません。自分で選んだ道なのです。振り返ってみれば反省も後悔もあるでしょう。それは次に活かすしかありません。

小平さんも平昌では金メダルを獲得しましたが、ずっと成果を上げてきたわけではありません。初めてのオリンピックだった2010年のバンクーバーでは団体で銀メダルを獲得するものの個人種目は5位が最高。2014年のソチオリンピックでも5位入賞が最高位でした。その間に単身オランダ修業を敢行したりと、たくさんの試行錯誤をしています。それだけに、この言葉にはチカラがあります。

小平さんにコミュニケーションについて質問しました。「意識して言葉を選んでいるのですか？」と。「人と接し、活きた言葉に触れることで、その言葉が自分の表現として生まれ変わってきたと思います」と答えてくれました。印象的な言葉に出会うと、自分なりに消化してから使っていたのです。一流のアスリートはコミュニケーションも一流でした。

本質を突きながら、意表を突く。

電通の同期のクリエイティブには優秀な人材が揃っていたのですが、私が一番素敵なクリエイターだと思っているのが岡康道氏です。彼は入社約20年で電通を離れ、TUGBOATというクリエイティブエージェンシーをつくります。クリエイター・オブ・ザ・イヤーを始め、広告界の数々の賞を獲得。サッポロビール大人エレベーターや大和ハウス工業、住友生命などのCMを担当しています。いずれもシリーズ化されて何年も続いています。

彼に、築地朝塾の講師をお願いしたことがあります。その時に、講演タイトルをどうしようかと2人で話しました。たどり着いたのが「本質を突きながら、意表を突く」というタイトル。なかなか素敵なフレーズです。広告制作の本質を表す言葉だと思っています。

まず徹底的に担当する商品や企業のことを考える。この本の主旨でいえば、「What to say」を突き詰めます。もちろん「Why?」と問い続けて深く掘っていきます。商品や企業の核心を自分なりに掴むには凄いエネルギーがかかります。しかし、そこから逃げない。当然深く掘れば、人の共感に触れることになります。

次に「How to say」を今までになかった表現へと持っていく。広告に接した人は新鮮な驚きで受け止めてくれます。しかも、本質に根差しているし丁寧につくられているからシリーズ化しても飽きがこないのです。

クリエイティブというビジネスの一つの理想です。コミュニケーションとしても理想なのですが、そうそう毎回意表を突く必要もありません。しかし、本質はしっかり掴んで話したい。特にビジネスの場は雑談ではありません。枝葉の話ばかりされたら、相手は離れていきます。実は枝葉の話題の方が話し易いのです。楽はいけません。

いくつかの印象的な言葉を並べてきました。言葉はチカラです。人を動かします。最近はYouTubeやインスタグラム、TikTokなど映像や動画を載せるメディアが盛んです。もちろん情報量が多くなるので伝わる量も多くなります。人気になるのは分かります。

一方、言葉は想像力をかき立てます。一人ひとりの経験によって、思い浮かべる像は違うかもしれません。ビジュアルがない分、想像力と結びついた時にチカラを持ちます。

逆の話も出来ます。印象に残るフレーズはギュッと凝縮されています、つまり抽象化されているのです。抽象化された瞬間に普遍的な広がりを持ちます。「成功も失敗もすべて正解」と聞いた時に、一人ひとりには個人的な思い出を含めて、違う想像が広がります。ああ、あの時がそうだったのか、あの瞬間はそう捉えれば良いんだ、と。するとこの言葉は、たくさんの場面に当てはまる普遍性を持つ言葉になっていきます。

世の中とともに、価値をつくり上げ、発信していく。

本質にこだわることを、いくつもの視点から語ってきました。それは、その企業なり、商品なり、あるいは個人なりが世の中に存在する意味と意義につながるからです。これをさらにプロアクティブに進めたい。つまりもっと積極的に世の中を巻き込み、新しい価値を世の中と共有しようという活動が始まっています。

「CSV：Creating Shared Value ＝共有価値の創造」という考えです。アメリカの経済学者マイケル・ポーター教授が２０１１年に提唱したものです。

不揃いのため、規格外とされる水産物を缶詰にして販売したり、廃棄処分されていたパンの耳からビールをつくるなどのビジネスが始まっています。無駄はなくなりますし、消費者にも歓迎される新しいビジネスです。

（一社）データクレイドルを通して、相談に乗ってきた山口の製菓メーカーは、食物アレルギーを持つ子供向けの、おいしいケーキを開発しました。

夫や妻、そして子供も参加する「家事シェア」を柱に、新たな住まいの提案を展開する住宅メーカーも出てきました。そう、ＣＳＶとは、提案というコミュニケーションの新たな道であり、クリエイティブなのです。

先にご紹介した認知症予防のプロジェクトにもＣＳＶの視点が入っています。認知症の方々とともに暮らし、さらには発症リスクを把握し予防に努めるというプロジェクトです。ベンチャー企業と大手企業の協業で始まるのですが、すでにいくつもの企業が参加の意向を表明してくれています。認知症は世界にとっても喫緊の課題です。世界を巻き込む活動になると期待しています。

私はこの活動のブランディングを担っています。ネーミングから始めてロゴやマークの開発、基本的なメッセージの開発を託されています。

いくつかの企業が参加意向を示すことには理由があります。収益に結びつくからです。ビジネスになるのです。ここが、従来多くの企業が社内に取り込んできた「ＣＳＲ：Corporate Social Responsibility ＝企業の社会的責任」と大いに違います。

ＣＳＲは本業である収益事業とは無関係に存在しています。森に木を植えるとか、ボランティア隊を派遣するとかです。社内にＣＳＲ推進室を持っていますが、その部署は収益部門ではありません。そうなると責任を持って続けていくことが難しい局面が出てきます。リーダーである人物に頼る属人的な活動になりがちです。

ＣＳＶは利益を追求します。だから続くのです。しかもそれは、ＳＤＧｓやエシカルといった概念と直結します。本書で語ってきた「For good」の精神そのものでもあります。

横浜青年会議所でも始めます。「April True～素直な気持ちを伝える日」という活動です。これは４月１日のエイプリルフールの翌日である４月２日に設定。日頃、なかなか言えない感謝の気持ちやどうしても伝えたい想いを、自筆の手紙というカタチで書いて届ける活動です。新型コロナウイルスの影響で活動はかなり自粛せざるを得なくなっているのですが、始めることが肝要です。横浜の小学校やプロスポーツ界も協力してくれています。

活動内容を秋に予定されている国際青年会議所の世界大会で報告し、グローバルへ広げていく運動へと発展させていく予定です。

いずれも社会を巻き込むためには、コミュニケーションから始まります。途中経過や結果の発信もコミュニケーション。もちろん活動そのものの発想から始まって極めてクリエイティブな活動となります。しかも、ワクワクする。社会的な意義も大きいからです。

伝えること、その原点は、伝えたい想い。

「困った時は原点に戻る」。これは私の座右の銘です。悩んだり、迷ったりすると、出口のないトンネルにいるような気分になります。ネガティブな感情も沸き起こります。

そんな時に開く本があります。『一年一組せんせいあのね』（鹿島和夫・灰谷健次郎／理論社）です。コピーが書けずに悩んでいた時は頻繁に読んでいました。起業してからも時々読み返します。そのたびに、コミュニケーションの仕事をやっている有難さを感じています。

小学1年生が、先生に語りかける文が並んでいます。

『つうちぼのじは　かんじばっかりで　ぜんぜんなにがなにかわかれへん　なんでこんなもんで　おかあさんがおこるんやろ』

『おとうさんのしゃしんがあるから　あさになったら「おはよう」といいます　よるになったら「おやすみなさい」といいます　いもうともあかちゃんもおかあさんも　てをあわせます　おとうさんはなにもいいません』

などの作文が並んでいます。もっと短いものもあります。

『おとうさんは　こめややのに　あさ　パンをたべる』

『あかちゃんが　へをこいて　わろた』

凄いのです。伝わるのです。ボキャブラリーは少ないのに伝わるのです。想像させられるのです。見事にシーンが浮かんできます。読んで笑って気分を変えて仕事に戻りつつ、やっぱり伝えたい想いが大事だよなあ、誰だか分からないマスに伝えるのではなく、目の前の大切な一人に伝える気持ちで広告をつくらなきゃなあ、頭でこしらえるのではなく、もっとハートでコピーを書かなきゃなあ、と原点に戻るのです。

コミュニケーションとクリエイティブについて語ってきました。それも、ビジネスという場面での話をしてきました。選んだ仕事であれ、たまたま降ってきたクライアントの仕事であれ、どんな仕事にも自分の想いは投影出来ます。逆にその部分をなくしてしまったら、深化し続けるＡＩに任せた方が効率は良くなります。

そうはいきません。人が人に伝える。人が世の中のために何かを発想し、カタチにしていく。そのために協力する。時には人に寄り添う。想いをぶつけ合う。

コミュニケーションにもクリエイティブにも、自分の想いを見つけ、つくり、伝え、修正し、さらにまたつくり上げていくという、一生続くサイクルがある。そう思います。

コラム

落語名人はコミュニケーションの名人

一時期、私は落語にどっぷりはまりました。2013年に上海から帰国後、たまたま時間が出来たので新宿の末廣亭という寄席に入ったのです。笑いました。新鮮な驚きがありました。それからは都内に4軒ある寄席通いが始まります。落語会にも出向きます。

今をときめく春風亭一之輔は、その頃「浮世床」という演目をさかんにやっていました。床屋の待合室にたむろする男たちの様子を描いたもの。毎回、同じ個所で笑いを取りますし、こちらも予め笑う態勢に入っています。出てきた瞬間から、もう完全に一之輔のペースです。プレゼンテーションだとしたら完勝です。何回か聴くうちに、もっと怖ろしいことに気がつきました。微妙に話す長さを調整しているようなのです。5分の持ち時間でも、7分でも、15分でもきっちり出来てしまう。いかようにもプレゼン出来る。プロとは凄いものだと実感します。

一番好きなのは、柳家権太楼。何を演じても面白い。それでいてしっかり彼の存在がある。権太楼ワールドなのです。大好きなので、もうそれだけで良いのですが、この本の主旨に沿って少しだけ解説してみます。

まず、お客様の頭の中にイメージをつくるのが上手い。登場人物たちが、お客様一人ひとりの頭の中で勝手に動いています。話し方と表情と、そして扇子と手ぬぐいという2つの小道具しかないのに、見事に世界を表現してしまいます。コミュニケーションは、相手の頭の中に具体的な像を結ばせたら勝ち。落語家はパワポの資料を見せたり、参考映像なんか使わないのです。

落語には、その演目自体には明快な「What to say」が存在していない話が多いのです。しかし、権太楼を始め優れた落語家たちは、「この話のポイントはどこなのか」を自分なりに見つけています。それは演じる落語家それぞれで構わないのですが、「この話が継続されてきた意味、あるいはこの登場人物が存在する意味」を掴んでから話を始めています。掴めない話は披露できないと、一流の落語家は口を揃えます。

まず高座に出てきてからの雑談的な部分で、今のご時世の話をして、その関連の話だよということで本題に入ります。つまり、落語は古典ではあっても、今に通じる部分を探しているのです。今を生きているお客様との接点を意識しています。

落語にも正解がありません。同じ演目でも演じる人によって伝わるものは変わってしまいます。自分なりの「What to say」を掴み「How to say」に工夫を凝らす。毎回がプレゼンテーション。受ければ嬉しく、ビジネスとしてもまた声がかかります。しかしダメならば寄席からはもう声はかからなくなる。なんとスリリングなコミュニケーションでしょうか。

あまり分析をしていると「野暮」と言われるので、ここまでにしておきます。

あとがき

この不確実な時代に、コミュニケーションは羅針盤に、クリエイティブは灯台となる。

この本を書いている最中に「新型コロナウイルス」が発生しました。世界に拡大していき、終息の見込みもつきません（２０２０年4月時点）。誰もが予測しえない世界が日常の中で展開しています。間違いなく、私たちの意識を大きく変える出来事となります。

まさにＶＵＣＡの時代。Ｖ＝Volatility（変動して）、Ｕ＝Uncertainty（不確実で）、Ｃ＝Complexity（複雑で）、Ambiguity（曖昧な）世界が広がっています。コミュニケーションがますます大事になります。コミュニケーション力が問われています。

変動しない、確実で、シンプルで、明確なコミュニケーションがあれば、この時代を渡っていけます。コミュニケーションはＶＵＣＡの大海原を航海するための羅針盤となります。

お話ししてきたように、クリエイティブはすべての人に備わった資質です。クリエイティブが活きている世界は明るい世界です。ＳＤＧｓに代表される世界の課題も、ごくごく身近な個人的な課題も、解決するのはクリエイティブのチカラです。クリエイティブはＶＵＣＡの大海原に光を与える灯台です。

弊社のブランディングの方法として「北極星」を見つけるというお話をしました。「北極星」は個人にも当てはまります。私の「北極星」、それは「お役に立つ」です。電通を離れたのも、会社の中で使うエネルギーを最小にして、出来るだけ人や世の中のお役に立つ仕事をしたいという動機からでした。この本のどこかがみなさまのお役に立つことを切に願っています。

読んでいただいてお分かりのように、本書には、いわゆる上手くやるコツは書いてありません。私が体験し、考えてきたコミュニケーションとクリエイティブの本質を書きました。

まず本質を掴むことが大切で、テクニックは後からついてきます。むしろ上辺のテクニックを覚える必要はないと思っているからです。

さあ、もう臆病者とも言ってはいられません。慎重な分、観察力が磨かれたみなさんの出番です。一人ひとりが未来のコミュニケーションとクリエイティブをつくっていってください。

最後に「なぜ？」と問いかけます。なぜ、コミュニケーションとクリエイティブが必要なのか？　答えは、哲学の根本にたどり着きます。私たちが平和で幸せに暮らすためです。

この本を書きながら、たくさんの方々にお世話になってきたことに、改めて気がつきました。お名前を挙げていけば切りがありません。感謝を申し上げれば切りがありません。中でも、まったくワークライフバランスの悪い働き方を続けてきた私を、ずっと支えてくれた妻と息子に最大の感謝をしています。ありがとう。

著者

藤島 淳（ふじしま・じゅん）

ブランドア（株）クリエイティブ・ディレクター／代表取締役
1980年東大卒業後電通入社。コピーライターを経てクリエイティブ・ディレクターとして活動。ホンダ、花王、キリンビール等を担当。『AERA』『日経ヴェリタス』等創刊キャンペーンやビール、化粧品等新商品開発も多数担う。カンヌ等国際広告賞の審査員。2008年から2013年まで上海電通赴任。2014年電通を退社しブランドア（株）を起業。企業や地方のブランディングを中心に活動。2013年から上智大学「広告論」講師。ブランディング、マーケティング、クリエイティブ関連の講演や講義を、企業や地方、大学等で実施。（一社）データクレイドル、制作会社等の顧問。信州大学広報アドバイザー。大学生のマスコミ就活組織「アドリブ」創設者。

臆病者《おくびょうもの》のコミュニケーション
考《かんが》える、思《おも》いつく、伝《つた》える

2020年6月16日　第1刷発行

著者　藤島《ふじしま》　淳《じゅん》
発行者　渡瀬昌彦
発行所　株式会社　講談社
〒112-8001
東京都文京区音羽2-12-21
販売　Tel.03-5395-3606
業務　Tel.03-5395-3615
編集　株式会社　講談社エディトリアル
代表　堺　公江
〒112-0013
東京都文京区音羽1-17-18
護国寺SIAビル
編集部　Tel.03-5319-2171
印刷所　凸版印刷株式会社
製本所　株式会社　国宝社

ISBN978-4-06-519569-7　271p　18cm　©Jun Fujishima 2020　Printed in Japan